あそびが 学び となる
子ども主体の保育実践

子どもと自然

編・著 ● 大豆生田啓友 (玉川大学教授)
著 ● 出原大 (むぎの穂保育園園長)・小西貴士 (写真家・森の案内人)

Gakken

あそびが 学び となる
子ども主体の保育実践
子どもと
自然

contents

第4章
冬の自然

第5章
保育環境

付録

この本の使い方

保育の質の向上を願うすべての人の手助けになるよう、本書は次のような構成をとっています。

序章　自然に親しむことの大切さや、自然を慈しむことから生まれるSDGsの視点について編著者である大豆生田啓友先生が解説。

第1〜4章　園長である出原大先生が、季節ごとにふれてみたい植物やあそびについて紹介しています。

森の案内人であり、カメラマンの小西貴士先生が、自然に親しむ際に大切な11のポイントを伝えています。

対象年齢　その子の年齢や発達状況に合わせて、保育者が援助したり、見守ったりしていきましょう。

第5章　自園に自然環境を取り入れるにはどうしたらよいか。出原大先生からのアドバイスや提案を紹介しています。

さらにもう一歩　植物のことを知ったり、SDGsの視点を深めていったりするための知識を、小西貴士先生が解説しています。

実践園の保育者から　4つの園の現役保育者が自園の実践を紹介。

学びへのつながり　あそびが学びになるためには、どういったことを考えていけばよいのか、大豆生田啓友先生がコメントしています。子どもを主体とした取り組みへの理解が深まります。

※あそびを行う際には、けがや誤飲など、安全面を十分考慮しましょう。

付録

なるほど！ 植物豆知識　知っていると植物への興味・関心が増し、子どもたちと語り合うときの引き出しが増える豆知識を、出原大先生が紹介。

毒や危険のある植物　楽しく安全に植物あそびをするためには、植物に対して正しい知識が必要です。身近な毒のある植物や危険を含む植物との付き合い方を、出原大先生が解説。

自然とのかかわり

子ども主体の保育への改革に必要なのは、視点の転換。
また、動植物を慈しみ、持続可能な社会を担うために、
園ではどのような活動をしていけばよいのかについて解説します。

今、なぜ、自然にかかわるあそびが重要なのか？

「環境教育」の視点をもった保育へ ——— 大豆生田啓友

本書では、自然を通したあそびの具体的なノウハウを通して、保育の中で、子どもの自然とのかかわりが豊かになるための資源を提供することを目的としています。しかし、単なる自然あそびのノウハウ本ではありません。このイントロダクションでは、そのことについてお話ししたいと思います。

 事例① 「 草 花 図 鑑 」作 り

5歳児クラス、春の園庭。何名かの子がクローバー探しをしています。Aちゃんは、手のひらに4枚のクローバーを並べて、「この小さいのがBちゃん（Aちゃんの弟の赤ちゃん）」「これがAで、これがママ」「一番大きいのがお父さん！」とうれしそうに話します。そして、保育室から持ってきた白い紙にペタペタとクローバーをはっていたのです。保育者が「すてき！」と声をかけると、「でも、名前がわかんないんだよ～」とかわいく首をかしげます。「あっ、でもこれはわかる！ ミツバね！」とペンで"みつば"と名前を書き込み、「でも、これはなんだろ？ ねえ、わかる？」と友達に聞くと、アイディアがたくさん出てきました。「黄色がかわいいから、"きいろちゃん"？」「いや、フワフワしているから"フワットキー"だよ！」「それは、パパと散歩しているときに見たことある花だから、"散歩のとき、よく会う花"じゃない？」などなど。「うーん」と悩むAちゃんが付けたのは、「なのはなみたいなおはな」でした。気がつくと、「さわるときもちいいはっぱ」「いいにおいのはっぱ」など、オリジナルの園庭の草花図鑑になっていきました。

（鳩の森愛の詩瀬谷保育園・数見知夏さんの事例から）

小さな自然が生み出す
学びの物語

　園庭など身の回りに小さな自然があると、そこに豊かなあそびのドラマが起こります。6ページの事例のように、草花を摘むだけではなく、それを自分の家族と重ね合わせたり（想像する）、命名したり（言葉や文字への関心）、問いをもって探求したり（探求）、友達との対話や協働（コミュニケーション）、作品化する（創造）などの学びの物語が生まれるのです。そして、何よりも子どもたちは、草花という小さな「いのち」へのいとおしさを実感しています（生命への畏敬）。

　この園では、園庭作りを大切に考えており、雑草などの自然を残す空間を意図的に作っているのです。もちろん、こうした環境をすべての園で確保する必要があるわけではありません。園の外に散歩に出ると、子どもたちは小さな自然を見出す天才です。「こんなきれいな石、見つけた」「この葉っぱ、いい匂いがするんだよ」などと、実にさまざまな発見をします。このような子どもの小さな発見を大事にし、「その石、すごいね」「先生にも匂い、かがせて」などと子どもの声を拾うと、その発見がほかの子にまで伝播していくのです。自然が子どもたちの協働的な学びになることは、こうした小さなことを大切にすることから生まれているのです。

自然とのかかわりを
大切にしてきた日本の保育

　日本の保育はこうした自然とのかかわりを大事にしてきました。日本の幼児教育の父である倉橋
惣三は、「ガーデン主義」を唱え、保育の中での自然の重要性を主張したのです。以下の文章では、
雑草にあふれた園庭の魅力を強調しています。

　夏やすみが残して行ってくれた雑草が園一ぱいに蔓延（はびこ）っている。お山の上にも、砂場のまわりに
も、花壇の後ろにも、人跡まれなる大野原の眺め茫々と茂っている。おいしば、めいしば、あれち
のぎく、おおばこ、とぼしがら、のびえ、かたばみ、むらさきかたばみ、その間をこおろぎが飛ぶ、ばっ
たが飛ぶ、ここ暫くは雑草主義遊園の理想の時。（倉橋惣三「夏やすみ後」『幼稚園雑草（上）』フレーベル館）

　倉橋は園庭にこのような小さな「いのち」があふれる環境が、子どもにあることを大切に考えま
した。それが、「ガーデン主義」という主張や、「外へ、外へ」という外あそびの重視にもつながっ
ていったのです。そうした自然とのかかわりは、戸外保育や、飼育・栽培の重視などとして日本の
保育がずっと大切にしてきました。これはとても大切な、日本の保育のよい伝統だと思います。

葉っぱを拾うのって汚い？

　私は大学で保育者養成を行っており、保育内容を学ぶ授業も担当しています。授業で、学生に自分が考える理想的な園をかいてもらうと、木々や草花がたくさんあって、園庭に小川が流れているなど、自然を豊かに記す学生が多いのです。それくらい、学生は子どもにとって自然とのかかわりが大切だと考えています。とても喜ばしいことです。

　そこで、「次回の授業では、自分の家の身近な場所で落ち葉や草花などを拾ってきてください。子ども目線に立って、家の近くを歩いて見つけてみましょう。それを使ってあそびますね」と提案します。学生に身近な自然を発見する喜びを感じてほしいからです。すると、「今まで何気なく通り過ぎていた身近な場所に、こんなにすてきな草花や葉っぱがあるのですね」という声が多く聞かれます。ただし、「葉っぱを拾うのって、子どものとき以来で、なんか汚い感じがして抵抗もありました」という声がちらほら。まあ、犬のフンなどもあったりするから、気持ちはわからないでもありません。でも、そういった感想が、泥だんごを作ったときにも聞かれたのを思い出しました。「最初は泥に触るのって、なんか汚くて気持ちが悪い感じがしたけど、やり始めたら楽しくなってきて、その気持ちはなくなりました」と。20年以上保育者養成にかかわってきましたが、これまではあまり聞かれなかった声です。もしかすると、自然とのかかわりの生活が変わり始めているのかもしれません。

どんぐり拾って、どんぐり製作？

　日本の保育は自然とのかかわりを大事にしてきたと述べましたが、もしかすると場合によっては保育の場でも子どもが経験する自然がかなり整備されたり、統制されたりしていることがあるかもしれません。たとえば、先の事例で述べたような雑草はすべて排除されて、プランターでの計画的な栽培活動などに限定されてしまっている現実もあるかもしれません。以前から多くの園でされているサツマイモ掘りも、ほとんど農家の方が栽培をして、収穫だけがイベントとなり、収穫のときには青々としたつるが刈り取られ、一人一人の掘る場所に線が引いてあるような実態も少なくないようです。

　また、わたしはよく学生に秋の自然に親しむ保育の計画を考えてもらうことがあります。すると、多くの学生が判で押したように、まつぼっくりやどんぐり製作の案を出してくるのです。外にまつぼっくりやどんぐりをとりに行き、クラス全員で製作をするパターンです。まつぼくりやどんぐりに顔をかいたり、色を塗ったりして、作品を作ります。もちろん、それだってよい経験にはなるのですが、子どもにとってそれが「秋の自然に親しむ」ことにどれだけつながっているのでしょうか。保育の現場でもこのようなことがあるのかもしれません。

事例② エダマメの栽培

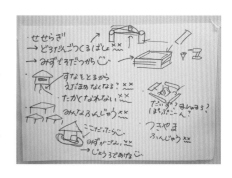

　今度は、エダマメを育てることになった4歳児クラスの事例です。エダマメをどこに植えるか、園庭のマップを見ながら、クラスのみんなで相談しました。すると、池のところ、たき火をするところ、小屋の下、草花が咲いているところなどがよいのではと、たくさんの意見が挙がりました。「池のところの泥の水だとエダマメ、育たないかも」「じゃあ、じょうろで毎日きれいなお水をあげたら?」「たき火のところもいいと思う!」「たき火したときに、火の中にエダマメが入ったら、ポップコーンみたいにはじけちゃうかも」「小屋の下、誰にも踏まれなさそう!」「でも、エダマメが高く伸びたいってなったときに、狭いから途中で折れちゃうんじゃない?」「お花があるところは、お花と味が混じっちゃうかもよ」とあふれるほどの意見が挙がりました。

　翌日、3つの場所にしぼり、3グループに分かれてエダマメ栽培が始まったのです。子どもたちは自分たちがグループで決めた場所に囲いを作り、踏まれたりしないかを入念に検討して場を作ります。すると、数日後、芽が出て、驚きの声が挙がったそうです。「うねうねしてるよね」「なんか電気(街灯)みたい!」「倒れちゃいそうだったから、土をかぶせてあげたんだよね」などの声。さらに、玄関で保護者にも見えるようにスケッチブックでエダマメの様子を共有するようにしたことで、「朝起きて、雨が降っていると、『マメ、大丈夫かな〜』なんてつぶやくんですよ」と連絡ノートに書いてあったり、「『雨の後だから大きくなってるかも』ってママが言っていたから、早く見に行こうよ!」とも声が挙がったそうです。自作の「マイジョウロ」を使って、成長する変化に心を動かしている4歳児です。

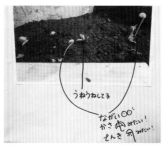

(鳩の森愛の詩瀬谷保育園・町井芽生さんの事例から)

「いのち」への親しみ、驚き
―乳幼児期から「環境教育」の視点を―

　事例②の４歳児のエダマメ栽培では、子どもたちが自分たちで決めた場で、踏まれたりせず健やかにエダマメが生長するように、丁寧に場作りを行い、その生長に驚き、「いのち」の生長にいとおしさを感じ始めていることがわかります。単に、栽培活動をして、収穫、食べることをして終わりではなく、そこにはエダマメへの親しみや、生長への驚きなど、「いのち」との出合いがあるのです。それは、事例①でも同様でした。

　レイチェル・カーソンの『sense of wonder』を挙げるまでもなく、自然と出合い、そこに「いのち」に対する心を動かす実感があることが求められています。それは、個々の子どもにとって自然にふれることが五感や知的好奇心を育てるという側面だけではなく、子どもが周囲の「いのち」を大切に考えることからの視点でもあるのです。

　その背景には、気候変動問題あるいは温暖化などの環境問題があることはいうまでもありません。それは、SDGs（持続可能な開発目標）、あるいは ESD（持続可能な開発のための教育）などが提唱されているように、持続可能な社会を生み出す機能としての乳幼児期からの教育・保育の在り方として捉える問題なのです。

　それは、乳幼児期から「環境教育」の視点に立つことを意味しています。井上美智子氏のいうところの、乳幼児教育は自然にかかわることで十分というだけではなく、「持続可能な社会を創るために必要な環境観を育てるもの」といえるでしょう。それは、０歳児から行われる必要があると述べられています。

　近年の赤ちゃん研究などでも、その有能さは明らかであり、乳幼児期に育てられた向社会的行動（報酬を期待することなく、他者や社会に役立つ行動）はその後も維持されるのです。また、人間は生まれつきほかの生物に関心があるが、自然を守りたいという思いをもつためには、自然とのかかわりや自然を大切にする周りの人（大人）からの影響を受けることが必要であると説明されています。

　乳幼児期からの「持続可能な社会を創るために必要な環境観を育てる」という視点が求められるのです。だからといって、知識として「持続可能な社会を創ること」や「いのちの大切さ」を単に教えたりするというものではありません。子どもたちが自然と親しむ中で、「いのち」への親しみや驚きを感じることこそ大切だといえるでしょう。

保育者（大人）の意識転換からはじめる「環境教育」

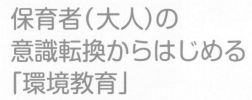

　ある園の5歳児で、セミ取りがブームになり、保育室で飼ったりもしていました。ある日、保育者がセミの一生の科学絵本を読んだとき、その一文に「セミの幼虫は5年間土の中にいて、6年目に出るのです」とありました。そのとき、「おれとおんなじ6歳だ」とつぶやいた子がいたそうです。そして、自分と同じ6歳なのに、あと少しでセミが死んでしまうと自覚化し、つまり自分と重ねて考えることで、セミを逃すようになりました。しかし、その後、さらにセミへの親しみやセミの生態への関心は強まっていったそうです。

　「環境教育」は周囲の大人の意識が影響を与える可能性があると述べました。子どもたちが思う存分、自然への親しみの機会が保障されていると同時に、そこに大人（保育者）がどのように環境を提供し、かかわり、対話するかが重要だといえるでしょう。ここでは、科学絵本に出合わせる保育者の環境観が働いていたと思います。どんぐりとの出合いも、保育者がそれを製作活動に誘導して終わりにするのか、どんぐりの「いのち」に出合うような機会を提供するのかによって、その経験はまったく異なるものとなるでしょう。

　それは、「いのち」を感じること、「いのち」の循環を感じること、言い換えれば「生態系」を感じることといえるかもしれません。だから、倉橋が述べていたように園庭に雑草があることが大切なのです。エダマメの事例も、セミの事例も、そうした環境が重視され、生態系を感じることで、生き物への「いのち」を大切にしたいという思いが生まれているのです。

　そうした「環境観」は、子どもと保育者から、家庭や地域にもつながっていくことが大切です。エダマメの事例では、保護者を巻き込んでいます。SDGsやESDをスローガンとして共有していくことが大切な一方、乳幼児期の保育の場は、このような子どものあそびや生活の中での主体的で協働的な活動から生まれた「いのち」を実感する具体的な取り組みを通して、家庭や地域ともつながりながら「持続可能な社会を創るために必要な環境観を育てるもの」です。

　そうだとすれば、わたしたちが子どもとともにどのように自然と出合っていくかは、保育者の「環境観」も問われているのだと思います。おそらく、従来の芋堀り遠足やどんぐり製作といった画一的で統制された自然とのかかわりでは生まれにくいでしょう。やはり、保育は、環境を通して、子どもと保育者が相互主体により、生み出していく営みなのです。

本書が単なるノウハウ書ではないと述べたのは、子どもが自然と豊かに出合うような保育が広がることに加え、「持続可能な社会を創るために必要な環境観」に裏付けられた自然との出合いを子どもにさせるような本を作りたいと考えたからです。「環境による教育・保育」だけではなく、「環境のための教育・保育」の視点をもった、自然にかかわる保育ともいえます。とはいっても、難しい話ではなく、身近なちょっとしたことから、しかも、どこの園でもできそうな保育のノウハウを紹介する本です。

　子どもに豊かな自然環境を提供することにより、子どもが自然に親しみをもつことに加え、そこに「いのち」を感じ、身近な自然を大切にする「環境観」を育てる保育を、みなさんと一緒に考える機会となれば幸いです。

＊なお、本来、水、気象、太陽なども含めたものが自然ではありますが、ここでは、身近な自然（昆虫や植物などの
　生き物）に限定して捉えていきたいと考えていきます。また、本書は「環境教育」の視点を重視していますが、
　現状を踏まえ、妥協点を探りながら作成されたものであることをお断りいたします。

参考文献
●井上美智子・登美丘西こども園　2020
　『持続可能な社会をめざす０歳からの保育　環境教育に取り組む実践研究のあゆみ』　北大路書房
●井上美智子・無藤隆・神田浩行　2010
　『むすんでみよう 子どもと自然　保育現場での環境教育実践ガイド』　北大路書房
●大豆生田啓友　2014　『子どもがあそびたくなる　草花のある園庭と季節の自然あそび』フレーベル館
写真／鳩の森愛の詩瀬谷保育園（神奈川県）

「自然」に親しむポイント

小西貴士

　「自然」に親しむということは、自然を好きになるということです。好きになった人のことを知りたいように、好きになることは知りたいにつながっていきます。自然に親しむということは、自然を知ることの入り口なのです。また、わたしたちヒトは、人との関係を生きるだけでなく、水や木や虫やいろいろなものとの関係を生きています。その関係性が豊かであることは、その人が生きることを豊かにするでしょう。自然に親しむということは、この地球のいろいろなものを知り、その関係を豊かにしていくことであり、その人が豊かに生きることを支える大切な土台の一部だといえるでしょう。そのことを理解していれば、「○○を育むために自然体験やあそびを大切にしています」などとあまり細かに考えすぎなくても、自然に親しむことそのものを大切にできるのではないでしょうか。ここでは自然に親しむ 11 のポイントを挙げておきます。

point 2　違うところを探してみよう

　園庭やいつもの散歩道で出合う木や昆虫にも、いろいろな種類があります。また、同じ種であっても、日なたと日陰では大きさが違うなど個体による違いもあります。これらは「多様性」という自然界の大きな特徴です。子どもたちが並べて比べたり、測って（計って）違いに気づいたりすることが、自然や生命への橋渡しになります。ちょっとした道具を準備するだけでも、違いに気づくきっかけを作れますよ。

point 1　体で感じよう

　自然について視聴して知る図鑑やデジタルコンテンツが充実している時代です。どうしても視覚や聴覚からの情報が増える傾向にあります。だからこそ、実際に見たり、聞いたりすることはもちろん、触ったり、匂いをかいだり、味わったりすることで感情を動かしながら知ることが、これまで以上に大切な時代だといえます。これについては、大人が進んで体で感じていることがポイントですね。

point 3 つなげてみよう

　自然や生命の小さな差や違いに気づき、多様であることを知ることは大切ですが、生命同士のつながりを知ることも大切です。園庭や散歩道で見かける木の実を好んで食べる生き物はなんだろう？　その生き物が木の実を食べて排せつしたフンの中に入っている種はどうなるんだろう？　子どもたちが自ら、どんどんつなげたくなるような問いや、さりげない仕掛けが準備できるといいですね。

point 4 飼育したり、栽培したりしてみよう

　昆虫にしても、草花にしても、その「いのち」が生きていくために必要としているものはなんだろう？　と想像することは、自然のおもしろさや奥深さに気づくカギの一つです。長生きさせたり、うまく育てることにとらわれがちですが、ときには子どもたちと飼育や栽培をしている「いのち」が必要としているものを、みんなで出し合い、話し合えたりするといいですね。

point 5 加工してみよう

　木の実や落ち葉、鳥の羽根を飾りつけたり、石や砂や土で表現したりすることから、一歩踏み込んだ加工にもチャレンジしてみましょう。果実を煮込んだり、漬けたり、干したり。木の皮や草の茎を編んでみたり、土を発酵させて塗ってみたり。暮らしの中で手間をかけて加工した自然は愛着が感じられ、大切なものとなっていきます。必ずしも子どもが全行程をするだけでなく、大人が真剣に加工する様子を見ることも大切です。

point 6 観察・鑑賞しよう

　採取したり、収集したり、加工することも大切ですが、手を出さず、加えず、よく観察したり（トンボやセミの羽化など）、その美しさや不思議さ（紅葉したり、開花する様子など）をただただ鑑賞することも、自然に親しむポイントの一つです。これも「観察したり、鑑賞したりしてみない?」と誘いかける大人の存在が大切になってきます。「わあ、美しい！」とか、「おもしろいなあ」とか、「え?　なぜなんだろう?」という感情の動きは、自然界を深く旅するフリーパスチケットのようなものですから。

point 7 広く見たり、細かく見たりしてみよう

　自然を観察するこつは、ただ見るだけでなく、いろいろな見方をしてみることです。虫眼鏡で拡大してみたり、モニターに映せる顕微鏡で見たりすると、初めて気づくこともたくさんあるでしょう。また、園庭や散歩道に今咲いている花や来ている虫を知るためには、広く見ることが大切です。といっても、幼い人には難しいこともありますので、写真に撮って並べるなどの工夫が必要かもしれません。

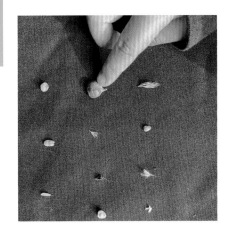

point 8 整理・展示しよう

園庭や散歩道で拾ってきたり、集めてきたりした木の実や抜け殻などを、整理・展示することも子どもたちが自然に親しむきっかけとして大切です。数・重さ・丈（長さ）・大きさ・模様・色・形など、子どもたちと分かち合うポイントはどこにあるか整理してみましょう。区分けされた木箱や、透明の瓶などをうまく活用しましょう。絵本と組み合わせて展示することもオススメです。

point 9 分かち合おう

自然についての発見や気づきを、グループ内や園内で分かち合うだけで、子どもたちの興味・関心は大きく膨らみます。また、開花や初鳴き、産卵の情報などを、地域の人たちと積極的に分かち合ってみましょう。子どもだけでなく保育者も驚くような情報が飛び込んできたり、うれしい交流が生まれたりする可能性が十分にあります。園だよりを活用したり、園の前に情報ボードを設けたりするなどの工夫もオススメです。

point 10 地域の専門家とつながろう

自然については研究者だけでなく、その地域やフィールドに特化した専門家がいることが常識です。また特定の生き物や植物に詳しい人がいる場合もあります。地域の高等教育機関、博物館、動・植物園などはもちろん、地域にお住まいの詳しい方とつながることは、子どもたちの学びにとって大きなメリットです。SNSなども活用して、地域の専門家との出会いを探しましょう。

point 11 自然に親しむ中で気をつけよう

最初にお伝えしたように、自然に親しむことはとても大切な意味があります。ですが、それと同時に有毒な動植物に対して気をつけることも大切です。自然はヒトにとって都合がよいものばかりではありません。それも含めて「親しむ」ということです。気をつけることと親しむことを別に考えてしまうと、活動は萎縮するでしょう。笑ったり喜んだり驚いたりおいしかったりする親しみの中に、気をつけようねを挟んでいきたいですね。

写真／小西貴士
残間時忠

第 1 章

春の自然

暖かい日差しを感じ、なんとなく心も浮き立つ季節です。
春ならではの身近な草花や虫たちにふれながら、
子どもたちの感性が豊かになるような取り組みをしていきましょう。

春の花

暖かい春の陽光に誘われるように、あちらこちらで草花の芽吹きが見られます。そんな草花をじっくりと観察したり、さまざまなあそびに用いたりする子どもたち。心を躍らせる子どもたちに共感・共鳴し、ともに心を躍らせてみましょう。自然教育の第一歩です。

たんぽぽ

0~5歳児 観察してみよう！ 豆知識→P.130

　野原、道端など、真っ先に目に付く花がたんぽぽ。春の園庭や散歩先には、必ずといってよいほどたんぽぽが咲いています。触ったり、摘んだり、子ども同士でたんぽぽについて会話を交わしたり、そんな姿を見守りましょう。

　たんぽぽは、エゾタンポポ、カントウタンポポ、カンサイタンポポ、白いシロバナタンポポなど、在来種だけでも何種類もありますが、これら以外に、セイヨウタンポポと呼ばれる外来種のたんぽぽは、100種類ほどあるといわれ、日本中で見られます。セイヨウタンポポの多くは、通常、花を包んでいるがく片が反り返っている場合が多いです。

　また、大人でも「たんぽぽが咲いてるね」と似ている花を指していうことがあります。ジシバリ、ハルノゲシ、ブタナなどは似ていますが、違う種類の草花であることなど、図鑑などで調べてみるのもおもしろいでしょう。

　たんぽぽも、よく観察してみると、こんなにも種類や形状に違いがあります。じっくり観察してみましょう。

学びへのつながり

ニホンタンポポ

セイヨウタンポポ

　たんぽぽは子どもたちにとって、春のもっとも身近な草花の一つです。見て、ふれて、匂いをかいで、あそびに使って、五感でたくさん感じて親しみたいものです。散歩でたんぽぽ探しをしたり、たんぽぽのある場所でゆっくり過ごしたりするのもいいですね。5歳児くらいになって知的好奇心が出てくると、セイヨウタンポポとニホンタンポポの違いを知ってニホンタンポポを探そうなどという姿も見られるかもしれません。

さらにもう一歩

　観察は誰でも簡単にできることですが、観察が上手な人がいます。観察が上手な人というのは、観察対象の「どの部分」を「どのように」見たらいいのかがわかっています。幼い人に観察の楽しみを伝えるには、ただ見ることを勧めるのではなく、見るポイントや見方を絞り込んでわかりやすく伝えてください。

（1~5歳児）たんぽぽでままごと

たんぽぽを使ってままごとをしてみましょう。

- 茎ごと摘み取ったときにする"プチッ"という音（茎の中が空洞なのでいい音がする）
- がく片を取ると花びらがばらばらになること
- 葉っぱの形が丸くなく、たんぽぽ独特の形をしていること　　などなど

楽しくふれながら、いろいろな感覚・感性を養い、発見をしてみましょう。

身近な花を摘んだり、匂いをかいだりすることが、豊かな感性を育む。

学びへのつながり

たんぽぽにふれ、ままごとあそびに使う中で、色や形などたくさんの発見をするでしょう。砂の上に花や茎をきれいに並べることで、その美しさを楽しむかもしれません。水の入ったカップに花びらを浮かべることを楽しむ姿もあるでしょう。並べて葉っぱの数をかぞえることを楽しむ子もいるかもしれません。

実践園の保育者より

●小さい子のクラスでは、たんぽぽの綿毛を吹いて飛ばすあそびが人気。そのうち、子どもたちの中に、綿毛になりたてのものは強く吹かないと飛ばないけれど、時間が経ったものは軽く吹くだけで綿毛が飛ぶということや、シャボン玉とは飛び方が違うなど、さまざまな気づきが生まれました。（村田）

たんぽぽ

（1～5歳児）茎の中の白いネバネバで あそんでみよう

花だけでなく、茎にも注目してみましょう。たんぽぽの類や、たんぽぽに似た草花のハルノゲシ、ブタナ、オニタビラコなどは、茎をちぎると乳白色の液が出てきます。この液を指でつまむように触ると、はじめはさらさらしていますが、だんだんにベトベトしてきます。これは、たんぽぽの液にゴムの成分が含まれていて、空気にふれることで化学変化を起こすから。ベトベトする感覚を味わってみましょう。

学びへのつながり

「ねばねば」の発見をしたときの子どもたちの「見て、見て」の声が聞こえてきそうです。保育者が教えてしまうよりも、子どもたちからの発見があるといいかもしれません。「なんで？」「不思議！」などの驚きの体験がとても大切です。その驚きの心の動きや興味・関心をさらにつなげるものとして、スタンプなどの提案も一案。ここは、子どもの姿を見ながらどうつなげるかを考えたいですね。

（2～5歳児）たんぽぽの砂絵

たんぽぽの類やたんぽぽに似た草花の茎から出る乳白色の液を使って、色画用紙にスタンプのようにつけて、絵をかいてみましょう。その上からさらさらの砂をかけて、すぐに落とすと砂絵ができます。

出来上がり！

砂をかけて落とすと

さらにもう一歩

わたしたちが見ている花とは植物の「生殖」にかかわる器官のことです。わたしたちヒトの体でも、生殖にかかわる器官はとても大切です。幼い人たちがこの先、10歳、15歳……と学びを続けていくために、今親しむことはとても大切なので花をあそびに使いますが、折り紙のようなあそびの素材とイコールではありません。花は、命をつないでいくために、時間をかけて生長する器官です。

(2~5歳児) 花落とし

友達と1本ずつたんぽぽを持って互いに引っ張り合い、花がちぎれないで残ったほうが勝ちというあそびです。

①つめで茎に切れ目を入れる。
②もう1本のたんぽぽを切れ目に通し、互いに引っ張り合う。

(2~5歳児) たんぽぽ・レンゲソウの花車 [豆知識→P.132]

同じ時季に咲くレンゲソウも使ってあそんでみましょう。

①たんぽぽの茎を2本用意する。
②茎の真っ直ぐなレンゲソウを①の茎の中に入れる。
③もう1本のたんぽぽの茎をストローのようにくわえ、レンゲソウの花の端に息を吹きかけると、花がくるくる回る。

レンゲソウ

タンポポの茎

学びへのつながり

花落としや花車は、草花を使った伝承的なあそびです。最近ではこのようなあそびが継承されなくなっています。子どもたちの興味・関心の様子から、大人が関心のある子に教えてもいいと思います。もし、5歳児などにすでに伝承されているとしたら、それを見て小さな子たちが自然とまねするような姿が生まれるのもいいですね。

実践園の
保育者より

●たんぽぽの茎を切ると反り返って、その形が鼓という楽器に似ていること、また、鼓は「タン、ポンポン」という音色がするので、そこから「たんぽぽ」という名前になったという話もあると、名前の由来を子どもたちに伝えました。そのことから、たんぽぽだけでなく、鼓に興味をもち、活動が広がっていきました。（上田）

たんぽぽ

(3〜5歳児) たんぽぽの風車・水車

たんぽぽの茎を使って、風車・水車を作ってみましょう。

①茎につめなどで裂け目を入れる（保育者が行っても）。
②しばらくすると、茎が自然に外側へくるっと広がってくるので、茎の中に竹ひごや細い枝を通す。
③竹ひごの両端を持って、「ふうっ」と吹くと風車になる。半分だけ水につけると、水車になる。

裂け目を入れる

竹ひご

流れる水につけると水車に！

(4〜5歳児) たんぽぽ笛

たんぽぽの茎の中が空洞であることを使って、笛を作ってみましょう。

①茎を切り取り、吹く側を軽く指でつぶす。
②吹き口を唇で挟み、強く吹く。挟み具合や吹き方の強弱で音が変化する。

学びへのつながり

　たんぽぽから音がなるなんてびっくり！　たんぽぽがおやつになるなんてびっくり！　身近な自然物から意外なあそびが生まれることは、子どもがさらに自然物に親しみを感じることにつながります。「たんぽぽって、なんてすごいんだろう」と、子どもたちにたくさん感じてほしいですね。

吹く側を指でつぶす

（3~5歳児）たんぽぽの花でジュレ作り

　たんぽぽのジュレを作ってみましょう。パンやクラッカーなどに塗って食べると、ほんのりたんぽぽの香りがしておいしいです。たんぽぽが食べ物に変わるということが子どもたちには不思議で、楽しく心動かされる経験になります。

①たんぽぽの花を、30~50個くらい摘み、花びら（花弁）のみをがくから外す。

②花びらをきれいに洗い、大きな鍋に入れる。

③鍋の中の花びらが浸るくらいに水を入れ、レモンなど酸味の強い柑橘類を1つ、皮ごとざく切りにして入れる。一度水を沸騰させ、その後弱火で煮込む。

④たんぽぽがあめ色になってきたらざるでこし、花びら・柑橘類を取り除く。

⑤こした煮汁に、さらにグラニュー糖を好みで加え、味を調節する。煮込んでいくととろみが出てくるので、火を止めて冷やす。

※火の扱いは保育者が行い、安全に配慮しましょう。

①　がくを　はずす

②　鍋に入れる

③　レモン　水

④　ざるでこす

⑤　グラニュー糖を入れて煮込む

さらにもう一歩

　動物は植物と違って、太陽のエネルギーを体の形に変えることができません。ですから、植物を食べることで体の形を作るものが多くいます。ヒトもそうです。植物を食べる動物は、葉や実だけでなく、花も食べます。植物は大切な生殖にかかわる器官を食べられては困りますから、花びらや花蜜や花粉などに毒成分を混入させています。花を食べるときは、ちゃんと調べて楽しみましょう！

実践園の保育者より

●たんぽぽの花を、砂場で容器に盛った砂に混ぜ、ちらしずし作り。たんぽぽをたくさん摘むと手やTシャツが花びらの汁で黄色く染まることを大発見。それから、ほかの花や葉っぱでも試してみる姿がありました。（田中）

●たんぽぽで、おひたし、天ぷら、コーヒーを作りました。たんぽぽが食べられることに、子どもたちは、びっくり！（上田）

春の花いろいろ

(0~5歳児) 春の花を触ってみよう、摘んでみよう

さまざまな春の花にふれて、摘んだり、ちぎったりを楽しみましょう。小さな花束を作ったり、おままごとに使ったりしていくうちに、花の多彩さやそれぞれの特徴も自然にわかってきます。春の香りを大いに楽しんでみましょう。

学びへのつながり

園内にどれだけ春の草花があるでしょうか？ もし、いくつかの種類があれば、それにふれることができますね。ふれることができる草花がたくさんほしいものです。園内になければ、地域に散歩に出向いて、たくさんの草花に出合えるといいでしょう。場合によっては、園庭に春の草花や野草の種まきをすれば、どれだけ豊かなあそびやふれあいが生まれることでしょう。

草花に実際にふれることで、その特性を体感し、興味・関心が育まれていく。

実践園の
保育者より

●自然物をとりに行くとき、入れ物としてポリ袋を渡しがちですが、持ち帰るときに、花がつぶれてしまうことも。子どもたちは、花のはかなさを感じるとともに、紙パックのような固い容器を用意すると、きれいな状態を保てることに気づき、持ち帰った花を花器に飾って喜ぶ姿が見られました。（田中）
●まだ、言葉で表現できない1歳児が、匂いをかいでほっぺをたたき、「おいしい匂い」と教えてくれました。1歳児でも、しっかり感性が育っています。（村田）

（2~5歳児）菜の花の種で豆ご飯　豆知識→P.131

菜の花（アブラナ）の花の後にできる柔らかい緑のさやをとり、中の豆を出せば豆ご飯のよう。おままごとなどに使ってみましょう。

学びへのつながり

菜の花畑は日本の春のとても美しい風景です。ぜひ、散歩に出かけて、そうした景色に出合い、ふれてもらいたいですね。もし、園庭などの身近な場所にあれば、いのちの変化にも出合えます。紹介されているような豆の入ったさやなどに親しむ経験は、花が咲いている時季とは違う、枯れていく「いのち」への親しみにもつながり、とても大切なことです。

（2~5歳児）ヌルヌルした感覚を味わって

乾燥して茶色くなった菜の花（アブラナ）の豆をとり、すりこぎなどでつぶしてみましょう。種には油分が含まれているので、ヌルヌルします。その感触を楽しみましょう。

さらにもう一歩

オオバコの種子は、雨にぬれると、その化学構造からヌルッとネバッとする性質があります。そのヌルッとネバッとは、ヒトの足裏などにくっついて遠くへ運んでもらい、分布を広げる戦略だと考えられています。またトマトの種子など、種子の周りを覆うヌルヌルとしたゼリー状の物質は、鳥や動物に食べられた際に消化液から種子を守る働きがあるのではないかとも考えられています。

春の花いろいろ

(1〜5歳児) サクランボの色水

　ソメイヨシノ、オオシマザクラ、ヤマザクラの果実であるサクランボは、熟すと柔らかくなり、つぶすと濃い赤色の色水がとれます。すり鉢を使って色水を作ることを楽しみましょう。この色水を使って、感覚的にも触覚（つぶす感じ、指で色水を広げてかく感触）を大いに使って楽しめます。

※傷んだアメリカンチェリーでも同様のことができます。

● サクランボの色水を使って、スタンプあそび

● サクランボの色水で絵をかく

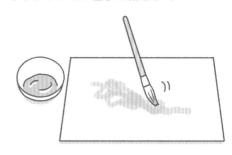

さらに
もう一歩

　サクラなどの春の花に先駆けて咲く花の代表といえば、ツバキやウメの花です。まだ寒いころから艶やかな花を咲かせるその姿に昔の人は神聖な力を感じたようで、身近に植えて大切にし、その花を飾ってきたといわれています。おそらくは当時の幼い人も、その花を大切にしながらも身近に親しんだことでしょう。暮らしの中で花を大切にしながら、少しあそびにも使わせてもらうという、そんなお付き合いができるといいですね。

(2〜5歳児) エニシダの色水

　黄色い花で色水が作れる花は少ないのですが、エニシダからはきれいな色水が作れます。

①瓶にエニシダの花びらを数枚入れ、花びらが浸るくらいの水を入れる。

②割り箸でつぶすと色水ができる。

水　　エニシダ

割り箸を使って、瓶に入れたエニシダの花をつぶしていく。

地球の豊かさの証[あかし]
「ポリネーター」に注目！

小西貴士
先生

　子どもたちと（花びらのある）花を観察していると、それらの花にはたくさんの昆虫がやってくることに気づきます。多くの昆虫のお目当ては、花蜜や花粉です。ミツバチに代表されるように、それらの昆虫は花の蜜や花粉を食べることで生きています。植物はその昆虫の体に花粉を付けて、受粉を行います。風や水の働きによって受粉を行うものもありますが、それは少数で、昆虫や鳥や動物を頼って受粉を行うことが本当にたくさんあるのです。

　それは、植物と動物がともに影響を与え合って進化し、こんなにも豊かな地球になってきたということを示しています。花粉を運び、受粉を手伝う昆虫や鳥や動物を、「ポリネーター（花粉媒介者）」といいます。わたしたちが日ごろ食べているおいしい果実が実るのも、ポリネーターのお陰だといえます（食料作物の75％の種が受粉に依存しているといわれています）。

　そんなポリネーターの行く末が、今とても心配されています。ポリネーターの多くは昆虫なのですが、その40％が農薬や気候変動の影響を受けて絶滅の危機に瀕しているともいわれているのです。世界レベルの会議では、ポリネーターを保護するために、その生息地を守るような農法を進めることや、農薬使用量を減らすことを各国の政府に求めています。日本でもハチなどの昆虫による受粉の経済価値は4700億円以上で、その7割は野生の昆虫に頼っているという研究結果が発表されています。そんなご時世に、これからの教育を考えると、たとえば園庭や園の屋上にミツバチの巣箱が置かれることなどはすてきな実践だなと思いますが、一足飛びにそこまでは難しいでしょう。まずは、花を訪れる昆虫や鳥たちを、子どもたちと一緒にワクワクしながら観察し、興味をもつことから始めたいですね。

写真／小西貴士

春の草

小さな手で、いとおしそうに草を摘みとる子どもたちの姿がよく見られます。子どもたちにとって、そうやって摘んだ草花は大事な宝物。そんな子どもの気持ちをほかの子どもたちと共有したり、飾れる場所を作ったりしてみるのも大切です。

(1~5歳児) いろいろな葉っぱを探してみよう

まずは、いろいろな種類の葉っぱにふれて、その感触を楽しみましょう。薄くて細いもの、厚みのあるだ円のものなど、葉っぱの形はさまざまです。緑とひと口にいっても、その色も多彩です。形や色の違う葉っぱを集めてみるのも楽しいです。さまざまな気づきが生まれます。

なお、触ると危険な植物については、138～141ページをご参照ください。

(2~5歳児) お面

園庭や散歩先で大きな葉っぱを見つけたら、つめや指でちぎったり穴を開けたりして、顔を作ります。葉っぱの感触や香りも楽しみましょう。身近によく見かける大きな葉っぱに、ビワ、クズ、アオギリ、キリ、ヤツデ、ハンテンボク（ユリノキ）、ホオノキ、サトイモ、ポプラの類、タイサンボク、アジサイなどがあります。

クズ　　アオギリ　　キリ

さらにもう一歩

いろいろな形の葉っぱがありますが、どんな形であったとしてもその植物の高さや生えている環境に合わせて、光を効率よく吸収できるように最高に洗練された形です。しかも一枚一枚の葉っぱは、自分の葉同士が重なって、影にならないように立体的に配置されています。また、葉っぱの形は、一般的に明るい環境では小さく厚く、暗い環境では大きく薄くなる傾向にあります。

(2~5歳児) ナズナの鈴鳴らし

茎を優しく振って、小さな鈴のような音を楽しみましょう。

①茎の根元から切り取る。実の部分を優しく下に引っ張り、ひと皮残す。すべての実を同様に引っ張る。

②茎を持って回転させると、小さなパチパチという音が出る。

少しだけ引っ張る

いい音だね

みてみてー

パチ パチ パチ

(2~5歳児) 草相撲(すもう)

野草で草相撲大会を楽しんでみましょう。オオバコをはじめ、シロツメクサ、レンゲ、エノコログサ、ギシギシなどいろいろな野草で草相撲ができます。どんな草の茎が強いか、太さや形など、さまざまな気づきが生まれます。

①茎の根元から切り取る。

②1人1本ずつ持ち、茎を絡ませ、引っ張り合って勝負する。茎がちぎれたほうが負け。

学びへのつながり

草相撲は子どもたちが夢中になる草あそびの代表的なものです。相手に勝つためには茎の太さ、長さ、種類など、どれがよいか、たくさんの工夫が生まれます。意外な子が勝ち続けたりすることもあり、ふだんあまりかかわらない子とのかかわりが生まれるのもおもしろい点です。草相撲に適した草花が園庭のどこにあるかを知ったり、また園外に探しに行ったりするのもおもしろいかもしれません。

オオバコ

根元から切る

実践園の保育者より

●ヨモギでおだんごを作ったり、お湯にヨモギの葉を入れて足湯をしたりして楽しみます。暮らしの中に取り入れることで、ヨモギは子どもたちにとって親しみのある草になりました。(原山)

●「ほかの季節より、春の葉っぱは柔らかくてすべりがいい!」。葉っぱをすべり台にまいて、その上をすべるあそびを何度もくり返した経験からの、子どもたちの発見です。(上田)

(3~5歳児) ツクシのどこついだ？

どの節が離されているか、当てっこしてみましょう。

① 1人がツクシの茎を引っ張り、どこかの節が離れたら、元に戻す。
② 相手に①を見せて、どこが離れているかを触らずに当ててもらう。

(2~5歳児) シャボン玉

ムギ、ササの類、たんぽぽ、イタドリなど、茎が空洞になっている植物を使って、シャボン玉をしてみましょう。種類や茎の太さ、茎の内部の質・特徴（シャボン玉液を吸収しやすいなど）の違いによって、シャボン玉の膨らみ方、飛び方が違います。植物の多様性を感じながら、楽しい経験ができます。

※このシャボン玉あそびでは、市販のシャボン玉液を使うといいでしょう。
※シャボン玉の虹色をさらにきれいにするには、シャボン玉液にウーロン茶の茶葉を入れるとよいです。

さらにもう一歩

ツクシはスギナというシダ植物の生殖器官ですから、スギナという植物の花のようなものだといえます。ツクシの表面を虫眼鏡で見ると六角形のタイル張りのようになっています。これはハチの巣と同じく、とても強い構造です。まだ霜が降りることもある春一番に、地面の下から大切な赤ちゃん（胞子）を中に抱いて出てくる生命の工夫と強さを感じてみてください。

(1~5歳児) 葉っぱ合わせゲーム

いろいろな葉っぱを集めて、ゲームをしてみましょう。

①子どもたちと「同じ種類・同じ形の葉」を2枚ずつ集める。

②1枚は、カルタのように場にまく。

③もう1枚は、読み手（見せ手）が「この葉！」と言って出し、その葉と同じ葉を見つけて取る。

おんなじ！

(4~5歳児) 葉っぱのこすり出し

いろいろな形、葉脈の葉っぱを集め、クレヨンなどでこすり出し、紙に葉っぱを写し取ってみましょう。コピー用紙など薄い紙が適しています。5歳児ぐらいになると、筆圧の加減がわかり、さらにこすり出しを楽しめます。

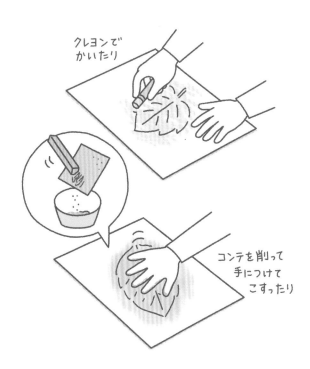

クレヨンでかいたり

コンテを削って手につけてこすったり

学びへのつながり

葉っぱを使ったさまざまなあそびが紹介されています。さまざまなあそび方を通して、楽しみや驚きの中で葉っぱへの親しみを感じることが大切です。葉っぱ合わせゲームでは、葉っぱをよく見て草花の種類による葉っぱの違いを知ることで親しみが起こるかもしれません。また、こすり出しでは、葉脈の存在に気づき、葉っぱの仕組みへの好奇心にもつながるかもしれません。

実践園の保育者より

●はじめて園外保育に出る0歳児は、直接地面に降りるのを怖がる子も。そこで、まずは感触の柔らかいシロツメクサなどの咲く地面にバスタオルを敷いて、徐々に花などにふれられるよう配慮します。幼児があそんでいる姿に興味をもち、近くで見ています。（村田）

(4〜5歳児) 葉っぱの笛

春の柔らかい若葉を笛にして、いろいろな音を出して楽しんでみましょう。さくら、ニセアカシア、ヤマボウシ、ムクノキ、ヤシャブシの葉が適しています。

葉っぱを丸め、両手で片側をつぶしながら吹いても笛になる。丸めて吹く笛には、ツバキなど硬い葉っぱが適している。

学びへのつながり

葉っぱから音が出ることは大きな驚きと興味・関心につながります。まずは大人が音を出してみるとよいでしょう。きっと、憧れのまなざしが向けられると思います。憧れが子どもたちの意欲につながります。ただし、こつだけではなく、吹く力がない幼児にはなかなか難しい面もあります。5歳児くらいになると、何度も挑戦する姿が見られ、音が出た子は大きな自尊心につながるでしょう。

●片手で
人差し指と中指で唇を挟むようにそっと当てて、震わすように吹く。

●両手で
優しく口に付け、葉っぱを震わすように吹く。

(4〜5歳児) カラスノエンドウの笛 豆知識→P.132

カラスノエンドウの、豆が大きくなったさやでも笛が作れます。

①よく熟したさやを選ぶ。さやを切り取り、さやの片側を開いて中の豆を取り出す。
②切り取った反対側を吹き口とし、唇で優しくくわえ、吹いてみよう。力の加減でおもしろい音が出る。

豆を取り出す

こちらが
吹き口

切る

（3~5歳児）しおり作り

葉っぱでしおりを作ります。落ち葉ではなく生葉を使いますが、肉厚でなく、できるだけ平たい葉っぱを選びましょう。

●簡易のラミネート加工で

葉っぱのしおりを、ラミネート加工して作ってみましょう。油性ペンでラミネートシートの上から、葉っぱに顔をかいたり、葉っぱを動物や乗り物などに見立てて絵を書き足したりしてもおもしろいでしょう。

①加熱するタイプではなく、手でシートをめくるタイプのラミネートシートを用意し、葉っぱを挟む。
②葉っぱを挟んだら、適当にふちを残してラミネートシートを切り抜く。ふちにパンチで穴をあけて、リボン、毛糸などを通せば出来上がり。

ラミネート加工で

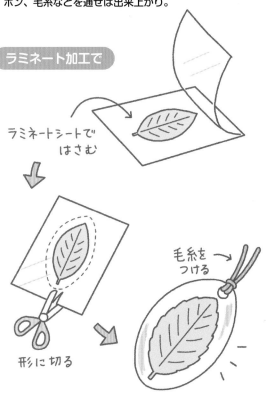

ラミネートシートではさむ

形に切る

毛糸をつける

接着剤で

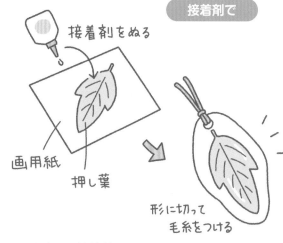

接着剤をぬる

画用紙

押し葉

形に切って毛糸をつける

●木工用接着剤で

①分厚いカタログなどに採集してきた葉っぱを挟んで、2～3週間そのままにし、押し葉を作る。
②押し葉を木工用接着剤で画用紙にはり付ける。葉っぱの上にも木工用接着剤を薄く、まんべんなく塗る。葉っぱの上に木工接着剤を塗ったときは、白く濁ったような状態になるが、1日置いておくと接着剤が乾き、葉っぱが輝いて見える。
③適当なふちを残して画用紙を切り抜く。ふちにパンチで穴をあけて、リボン、毛糸など通せば出来上がり。

できた！

実践園の保育者より

●5歳児がスズメノテッポウの笛であそんでいると、小さい子どもたちが「教えて！」と寄っていきます。すると、自分たちが上手にできる笛の吹き方を、小さい子どもたちに丁寧に教える5歳児の姿が見られます。そこから、思わぬ異年齢のつながりが生まれました。（上田）

春の樹木

春には、樹木の葉も芽吹き、鮮やかな新緑が目に映ります。花や葉っぱ、草だけでなく、子どもたちの関心が樹木そのものにも向くとよいですね。それぞれの樹木の特徴などを知ることが、樹木に親しむきっかけになるかもしれません。

1〜5歳児 木の幹の音を聞く

大きな木の幹に耳を当て、音を聞いてみましょう。樹木が水を吸い上げる音、枝のきしむ音、葉のこすれ合う音など、いろいろな音が聞こえてきます。

学びへのつながり

木の音を聞くことは、木に「いのち」があることを感じる大切な体験です。一度、その音を実感すると、子どもはいつも木に耳を当てるようになります。大地から水を吸い上げ、木も生きていることを知り、「いのち」の循環や生態系を感じるのです。これは、「いのち」をいとおしむと同時に科学的な好奇心にもつながります。

2〜5歳児 木の皮むき

冬以外のほとんどの木の枝は、皮をむくことができます。種類ごとに、むく感触、香り、肌触りが違うことに気づくでしょう。この皮をむいた枝を乾燥させると、さらに固く、軽くなります。

①3〜5cmに切った枝を用意する。
②指先をしっかり使って、皮をむく。

さらにもう一歩

木の皮（樹皮）の役割は、①水分の出入りを防ぐこと、②菌や虫の侵入を防ぐこと、③外側の温度の変化から守ることなどが挙げられます。森を歩いていると、倒れた木の幹の内部は朽ちて、樹皮だけが残っている様子に出合います。それだけ樹皮が丈夫で、樹木の健康を守るために大切な役割を果たしていることがわかります。

0~5歳児 枝をさしてみる

いろいろな物に、枝をさしてみましょう。
さしたときの感触の違いを味わうあそびです。

●オアシスに
オアシスは、生け花用の吸水スポンジ。大きめのオアシスに、枝をさす感触を楽しみます。

●砂場に
砂場に、たくさん枝をさしてみましょう。さす感触を味わうだけでなく、造形のおもしろさを楽しみましょう。

2~5歳児 棒倒し

砂山に枝をさして、順番に周りの砂を少しずつ取っていきます。棒が倒れたら負け。数人ですると楽しいゲームです。

2~5歳児 輪投げ

砂場に数本の枝をさし、厚紙などで作った輪っかを投げて輪投げごっこをしてみましょう。子どもたちがあそびを発展させることを一緒に楽しむことが大事です。

(4~5歳児) 木肌のこすり出し

木肌にコピー用紙のような薄い紙をぴったりと当て、コンテ※の粉を手に付けて何度もこすります。すると、木肌のこすり出しができます。
※クレヨンの一種。素描や写生に使う。

学びへのつながり

木肌のこすり出しは、木にもさまざまな表情があることを知り、「いのち」への親しみをもつ取り組みでもあります。木は単なる教材ではなく「いのち」であることを感じることで、木を乱暴に取り扱うのではなく、木肌を傷めないように配慮する気持ちが育つことも大切なことです。

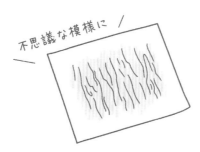

不思議な模様に

(3~5歳児) 枝運びゲーム

箸のように2本の枝を使い、枝を運ぶゲームです。箱から箱へ枝を移すほか、枝を挟んだままリレーをしたりしてもおもしろいでしょう。

まずは、枝を箸のように使って、枝をつまんでみよう。

実践園の保育者より

●ふだんは、折れやすくて人気のないサクラの枝。しかし、子どもたちは、アーチ状の枝の形を利用して、枝を斜めに砂場にさし、短く折った枝をバランスよくその上に並べていくあそびを考え出し、しばらくブームが続きました。（田中）
●自分でむいた木の皮や地面に落ちていたものを拾って、「スイカ！（Suica・定期券）」とあそびに使う子、何枚も持ってきてパズルにする子……。自由な発想であそびが広がりました。（村田）

写真で残す

大豆生田啓友
先生

　園では、近隣に散歩に出ることも多いでしょう。そこでは、たくさんの草花や生き物などに出合います。子どもが草花や種子、落ち葉をとったり、虫などを捕まえたりして持ち帰りたいということもあるでしょう。子どもたちが自然に親しみ、好奇心を深めるチャンスでもあり、持ち帰った草花や虫をどう園での保育につなげていくかが、保育者の腕の見せどころかと思います。草花は枯れてしまったり、虫などは死んでしまったりするかもしれません。そのような「いのち」に丁寧に対応していく保育者のスタンスがとても大切です。

　そのときに、写真で残すという方法があります。草花が枯れる前に写真で撮ったり、虫を写真に撮って自然に返したりなどです。散歩途中で発見した犬や猫、鳥などを保育者が写真で撮って、園でプリントアウトするのもよいでしょう。その写真を壁面にはったり、その写真で図鑑作ったりすると、子どもの興味・関心はさらに高まります。

　5歳児くらいであれば、日替わりで子どもにカメラを持たせ、安全に配慮しながら散歩で自分のお気に入りの写真を撮るのもおもしろいかもしれません。実際に五感を通してかかわることが第一ですが、写真を通してかかわることは、さらに自然への関心を高めるものです。ぜひ、写真を活用してみましょう。

写真／希望丘保育園（東京都）

春の栽培と飼育

自分で育てたものを自分で食べるのは、大きな喜びにつながります。また、ちょっと変わった植物を育ててみるのも、植物への関心が増すきっかけになるでしょう。園庭がなくても、ベランダにプランターや植木鉢を置くことで、栽培の機会を作ることができます。子どもたちとともに、栽培や身近な生き物を育てることを楽しんでみましょう。

（2~5歳児）プランターでサツマイモの栽培

プランターでもサツマイモを育てられます。植え付けは、5月に行うのが理想です。

① プランターに高さ5cmくらい小石を入れ、その上に花・野菜用の土を入れる。

② 苗は斜めに寝かせて、茎の半分くらいがしっかり土の中に入るように植える。植えたらすぐ、土が流れないように注意しながら、優しく水やりをする。プランターを日当たりのよいところに置き、毎日水をやっていると、1週間くらいで苗が根付く。

③ 9月下旬~10月ごろに収穫できる。

（2~5歳児）イモの水栽培

芽が出てしまったジャガイモ、サツマイモ、サトイモ、ヤマイモ、コンニャクイモなどがあれば、水栽培をして、芽が伸びて生長する様子を観察してみましょう。

① 観察用ケースにきれいに洗った小石を高さ3cmくらいに敷き詰め、その上にイモを置き、小石より5cmくらい上まで水を入れる。水が多すぎるとイモが腐りやすくなるので、注意。

② ケースは窓辺に置き、2~3日ごとに水を入れ替える。

（2~5歳児）キュウリ・トマトの栽培

キュウリ・トマトの種まきの時季は5月中旬です。栽培して、夏に収穫を楽しみましょう。

①種をまく。
【キュウリ】1つの鉢に3つの種をまく。
　　　　　　1cm間隔で、深さは約1cm。
【トマト】鉢の中央、深さ1cmに3~5粒の種をまく。

②日当たりのよいところに鉢を置き、発芽するまでは朝と夕方に、種が流れてしまわないよう優しく水をやる。

③双葉が出たら、元気のよい1本を残して間引く。水やりは朝夕。

④5月下旬ころから2~3週に1回、20粒ほどの化成肥料（小粒の物）を根元にまく。

⑤本葉が出てきたころ、支柱を立てて苗をワイヤーで留める。朝夕たっぷり水やりをする。7~8月ごろに収穫できる。

① キュウリ　トマト
　花・野菜用の土
　小石2cm
　網または石でふさぐ

②

③ 間引く

④ 化成肥料

⑤ ワイヤー　支柱

園庭がなくても、ベランダなどで、栽培を楽しもう。

学びへのつながり

夏野菜の栽培は、実際に食べることにつながるとても魅力的な活動です。そのため、見通しが大切ですね。子どもたちとどのように準備をするかから話し合うとよいかもしれません。種をどのように準備するか、5歳児なら種を買いに行くことからするか、個々の活動かグループ活動か、水やりなどのお世話はどのようにするか、収穫はどうするか、収穫した野菜をどのように食につなげるか、できるだけ子どもたちの自己決定で行いたいのであれば、話し合いをどう進めるかなど、保育者の方法次第で、とても豊かな学びになるでしょう。

さらにもう一歩

キュウリだ、トマトだ、とそれぞれの特徴に親しむのも大切ですが、仲間探しも大切です。キュウリはウリ科の野菜です。ウリ科の野菜のほとんどはつる性の草で、散歩道で出合うカラスウリも広くは仲間です。そういえば、同じように巻きひげのようなつるを伸ばして育ちます。生長が早いことも似ています。散歩道と畑がつながっていくといいですね。

(2~5歳児) ワタの栽培　豆知識→P.132

果実からワタが出てくる様子がおもしろい植物です。種まきの時期は、4月下旬~5月中旬です。

① 1つの鉢に1個の種をまく。深さは約1cm。プランターで育てる場合は、同じ深さに15cm間隔でまく。

② 1日1回水をやる。発芽までには10~14日かかる。

※花・野菜用の土を使わない場合には、発芽3週間後から2~3週に一度の割合で化成肥料をやる。

③ フヨウやムクゲに似た花が咲く。開花時期は6~9月。花が咲いた後に果実ができ、それがはじけて中からワタが出てくる。上手に育てると、1本で10個ほどの実が収穫できる。ワタの中には種ができている。

花が咲いた後に実がはじけると、ワタが顔をのぞかせる。

● 種

花・野菜用の土

小石 5cm

底の穴は網でふさぐ

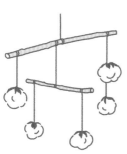

● のれんやモビール
ワタの実を使って、のれんやモビールを作っても楽しい。

● ワタ人形
目、口をはって人形にし、ふわふわとした感触を楽しもう。

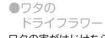

● ワタのドライフラワー
ワタの実がはじけたら枝ごと切り、風通しのよいところにつるしておくとドライフラワーができる。

さらにもう一歩

自然界では、役目を終えた葉っぱは、ミミズなどの土壌動物の食べ物になります。現在の都市環境では、そのつながりが切れていることも多く、地面に落ちた葉っぱはゴミのように扱われます。葉っぱが土壌動物に分解されるつながりは、いろんな木や草が生え、花が咲き、虫や鳥や動物が暮らす陸上の仕組みを知る、はじめの一歩なのです。落ち葉がためてある一画が園の片隅にあることは、この時代にとても重要だといえるでしょう。

ⓔ（2~5歳児）オジギソウの栽培　豆知識→P.132

触ると葉を閉じる不思議な植物です。閉じ方がおもしろいので、子どもと観察してみましょう。触るのは1日10回くらいまで。触りすぎると枯れてしまうので、注意しましょう。種まきの時期は4月下旬～5月中旬です。

①1つの鉢に3粒くらい種をまく。5cm間隔で、深さは0.5cm。プランターで育てる場合は、同じ深さに10cm間隔でまく。1日1回水をやる。約1週間で発芽する。

②元気のよい苗を1本残して間引きし、毎日水やりを続ける。7～9月ころに、きれいなピンクの花が咲く。

③10月ごろ種が茶色くなったら収穫。次の年に植える。

（2~5歳児）ダンゴムシ・ミミズの飼育

子どもたちが興味をもってふれようとするダンゴムシやミミズのえさは、落ち葉です。ダンゴムシやミミズがふんをすると、このふんを線虫※やバクテリアが分解していき、新しい土が生まれます。ダンゴムシ、ミミズの飼育方法から生態系における役割を考えてみましょう。

①観察ケースにダンゴムシ、ミミズと、その生息していた場所の土、落ち葉を軽く砕いて入れておく。

②少し湿り気を保つために、毎日霧吹きを落ち葉と土にかけておく。

※線虫は、細長い糸状で、体長は0.3～1mmと小さく、無色なため、目で確認することはできない。

学びへのつながり

ダンゴムシなどはどこにでもいて、小さな子どもでも捕まえることができる生き物です。ダンゴムシを捕まえることが、園生活の安心感につながる子もいます。丸まることや、足がたくさんあることなどの不思議にじっと見入っている子もいます。できれば大人も一緒に、子どもの姿を大切にしてかかわるとよいですね。最初は自分のものにしたくて飼育ケースに入れますが、場合によっては、飽きて放置される姿が見られることもあります。保育者が「おうちに返してあげようか」などと声をかけていくことも大切です。

実践園の
保育者より

●アオムシはミカンの葉っぱが好きと知った子どもたち。園庭に給食で出たミカンの種を植えました。ところが、双葉が出ると、すぐにアオムシに食べられて丸裸になってしまいます。何度も種を植えては双葉を食べられ、アオムシが成虫になるまでには、たくさんの葉っぱがいることを知って驚くとともに、アオムシを慈しみ、生長を楽しみにする子どもたちの姿がありました。（村田）

飼育の要点、
もう一度考えてみよう

小西貴士
先生

　子どもたちが大好きなカブトムシや、身近なダンゴムシ。「飼育ケースの中に入れて飼ってみよう！」というのは、保育の場面では当たり前の光景ですよね。その当たり前、ちょっと立ち止まって考えてみませんか。

　「なんのために園で飼育をしていますか？」と、これまでわたしは出会う保育者に尋ねてきました。いちばん多く返ってくるのが、「いのちを尊ぶ態度や感情を育むため」というものです。わたしもそれは大切だと思います。でも、もう少し考えてみましょう。カブトムシも、その身体機能がただ機械的に働いて生きているというわけではありません。この地球では、さまざまなものとのかかわりの中で生かされているのです。クヌギの木が生きているから、カブトムシも生きていけるのです。クヌギの木はカミキリムシに食われ傷つけられて樹液が出ている、だからその樹液を吸って生きていける。クヌギの木は葉を落とし、落ちた葉はダンゴムシやさまざまな微生物によって分解され、カブトムシはそんな腐葉土に卵を産みつけて「いのち」をつないでいる。さまざまな関係の中で生きているカブトムシを飼育ケースに入れるというのは、そのさまざまな関係を断つということです。ほんとうは雑木林の中で、その豊かな関係に子どもたちが気づけたらすばらしいと思います。でも、それは難しい。なぜなら、雑木林は幼い人が関係性に気づくにはあまりにもゴチャゴチャしていますし、ずっと雑木林にいるわけにはいきません。だから、飼育ケースに入れて一度豊かな関係を絶っておきながら、一つ一つの関係をそこに再現していくことで、子どもたちはカブトムシが何に頼って生きているのかに気づいていくのではないでしょうか。

　「いのちを尊ぶ態度や感情を育む」ことにとらわれすぎると、いつの間にか長生きさせることが目的になってしまうことがあります。そうすると、昆虫ゼリーや昆虫マットが必要になってきます。でも、それでは、子どもたちは生まれてきたこの世界について学ぶ大切な機会を失ってしまいます。いのちを尊ぶことはもちろん大切ですが、いのちが豊かな関係性の中で生かされていることを、幼いころから丁寧に感じて気づいていくことが、何十年も先のその人や社会を作っていくはずです。

写真／小西貴士

第 2 章

夏の自然

夏ならではのダイナミックな色水あそびなどを通して、季節を感じてみましょう。
また、虫たちの活動も活発になる時季なので、観察も楽しみましょう。

夏の花

夏に咲く花といえば、ヒマワリ、アジサイ、スイレン、アサガオ、ノウゼンカズラ、センニチコウ、ハイビスカス、フヨウ、ムクゲなどなど。いろいろな花が咲きますが、夏を彩る花は、暑い太陽にも強い、肉厚の花びらをもち、色もはっきりしたものが多いです。そんなことも意識しながら観察してみてください。

色水の不思議

0〜5歳児 色水作り 豆知識→P.133

　アサガオ、オシロイバナ、ホウセンカ、サルスベリ、マリーゴールド、カンナなどの花、シロツメクサ、アカツメクサなどの葉っぱは、比較的色が出やすいです。色水あそびをしてみましょう。作る過程を保育者が手伝えば、0歳児からあそびに使えます。3〜5歳児は、作る過程も楽しむとよいですね。

①花や葉と少量の水をコップに入れてつぶすと、きれいな色水ができる。
②ままごとに使ったり、色水で絵をかいたりして楽しむ。

0〜5歳児 香りの違いを味わおう

　ポスターカラーで作った色水をペットボトルに入れて「ジュースごっこ」などをすることが多いですが、ポスターカラーの色水あそびでは、色が違っても同じ香りがします。植物の色水は、似た色でも種類が違うと香りも異なり、つぶすときも種類が違うことで違った感触が得られます。

いい匂いだねー

（0~5 歳児）光の透過を楽しんで

色水ごとにポリ袋やかさ袋、ペットボトルに入れて、それぞれの光の透過を楽しんでもおもしろいでしょう。

（0~5 歳児）氷作り

色水は作る過程も楽しく、ままごとなどに使うことも多いですが、凍らせて涼しげな氷を作ってみましょう。

深めの皿に色とりどりの花を入れ、凍らせた。

●色水を凍らせて

色水を凍らせて、色水氷を作ってみましょう。ハートや星形など、シリコン製の製氷トレイを使うと、かわいい氷ができます。

●花びらや葉っぱを凍らせて

きれいな花びらを入れて大きな氷を作り、昼食時のテーブルに飾ったりしても涼しげできれいです。

学びへのつながり

花への関心が広がる季節です。園庭や散歩で、花をポリ袋に入れて集める姿なども出てくるでしょう。色水や花をつぶしてあそぶことで、色への関心も高くなります。その匂いにも気づかせたいですね。並べたり、数えてあそんだりするのも楽しいでしょう。

絵本『ばばばあちゃんのアイス・パーティ』（さとうわきこ／作　福音館書店）などを読んで、花の入った氷作りなどにつなげるのもよいと思います。花びらへの関心から、さまざまな学びにつながりそうですね。

 さらに もう一歩　20ページで、花は生殖器官だと書きました。動物のように動くことが難しい植物の生殖は、花と花の間をとりもつキューピッドが必要です。風が受粉をとりもつ場合は風媒花といいます。花粉が水で流れる場合は水媒花、昆虫による場合は虫媒花、鳥による場合は鳥媒花、コウモリ（鳥類ではなく哺乳類です）による場合はコウモリ媒花などといいます。あなたの園で今咲いている花のキューピッドは、どなたですか？

夏の自然

花

(2〜5歳児) ムクゲ・フヨウの とろとろ色水 [豆知識→P.133]

ムクゲやフヨウの花からは、とろとろの色水が作れます。感触を楽しみましょう。

①ムクゲやフヨウのしぼんだ状態の花を集める。

②集めた花を容器に入れ（ムクゲなら4〜5つ、フヨウなら2つくらい）、少し水を加えて割り箸で細かくつぶす。

③花の色はほとんど出ないが、とろとろに粘ったスライムのような液になる。

大きなたらいにたくさんのムクゲの花を入れ、とろとろを楽しむ。

(2〜5歳児) ユリの花粉絵 [豆知識→P.133]

ユリの花粉で作った色水を使い、絵をかいてみましょう。色の変化が楽しめます。

①瓶にユリの花粉を数個分入れ、それが軽く浸るぐらいに水を入れて割り箸でかき混ぜる。ユリの種類によって赤茶色、茶色、黄土色など、微妙に色が異なるが、きれいな色水ができる。

②この色水で画用紙に絵をかくと、化学変化を起こして色水が青くなっていく。

※絵筆を使うと花粉がこびりついて二度と使えなくなるので、かき混ぜた割り箸で絵をかくようにする。また、服に花粉が付くと洗ってもとれないので注意。

ユリの花粉でかいた絵。乾いてくると、だんだんに青く変色していく。

水を少し入れる

実践園の
保育者より

●アサガオやゴーヤの花と水をポリ袋に入れると、握っているだけで色水ができます。水を少なくすると、小さな子でも自分で色水が作れて楽しめます。（村田）

●硬い葉は、はさみで切ってからすりつぶす、時間が経つと色水の色が変化したり、生ぬるくなったりするなど、色水あそびにはさまざまな驚きや発見があるようです。できるだけ、「こうするんだよ」と言わずに、見守っています。（田中）

夏の花とあそびいろいろ

0~5歳児 シロツメクサあそび 豆知識→P.132

春から夏に咲くシロツメクサ。たくさん摘んで、砂場でのあそびに使ったり、アクセサリーやボールを作ったりしましょう。小さい子には保育者が作っても。

●シロツメクサのアクセサリー

シロツメクサの茎を、図のように交互にからめてつなげていく。長くつなげて、腕輪や冠、首飾りにしてみよう。

●シロツメクサのボール

①シロツメクサを50~60本摘む。花束を2つに分け、茎同士を合わせて真ん中をたこ糸で縛る。
②出来上がったら、花がつぶれないようにふんわりとキャッチボールをしてあそぶ。
③花や葉を、顔の形になるように差し込んで飾っても楽しい。低年齢児なら、手のひらサイズのミニボールを作って、あそびを楽しんでも。

たこ糸

学びへのつながり

シロツメクサのアクセサリー作りは、誰かが作ったことがほかの子に伝わると、ブームになるあそびです。近隣に散歩に出て、シロツメクサを探してみましょう。手先を使ってじっくり取り組むことが求められるので、巧緻性や集中力が伴います。手先を使うあそびが苦手な子には保育者がじっくりかかわることで、達成感につながります。得意な友達が手伝うのもよいかもしれません。保育室に飾れるコーナーを作ると、よりその魅力が広がるでしょう。

さらにもう一歩

夜の園庭でシロツメクサを見てみてください。葉が閉じていることに気づくでしょう。地球上の生物の多くがサーカディアンリズム（概日リズム）と呼ばれる、約1日の周期を感じる体内時計をもっています。シロツメクサはマメ科の植物ですが、マメ科の植物はこのリズムをもとに、葉を動かすものがいます。夜の園庭も生命のすばらしさに気づくチャンスです。

3~5歳児 アジサイの花の色変わり

アジサイは、土壌が酸性だと青、アルカリ性だと赤い花が咲きます。花の色の変化を体験してみましょう。

アジサイの茎を酢の入った水（酸性）や灰汁の入った水（アルカリ性）につけ、花の色が変化する様子を観察しよう。

学びへのつながり

アジサイの花びらは多様なあそび方ができます。花瓶に入れるだけではなく、水の上に花びらを浮かべて飾ったり、ネックレス作りをしたり。同じアジサイでも色や形が違うことに気づくとおもしろいですね。そこから、ここにあるような実験につなげてみてもよいと思います。ほかの花でも色の変化があるのかといった知的な探求にもつなげられるとなおよいですね。実験が広がっていくかもしれません。

酢水 酸性　灰汁 アルカリ性
赤 → 青 に　青 → 赤 に

色が変わった！！

2~5歳児 オシロイバナのパラシュート　豆知識→P.134

オシロイバナの花であそんでみましょう。

①小房の部分を引っ張ると、めしべが花に引っかかり、パラシュートのような形になる。
②高いところから落とすと、パラシュートのようにゆっくり落ちる。

ここを
←持って
引っ張る

実践園の
保育者より

●散歩に出るときに虫眼鏡を持っていくと、思わぬ発見がたくさん。タイミングがよければイネの花が見つかることも。子どもたちは、「イネにも花が咲くんだ！」と驚き、興味が広がります。（原山）
●夏野菜を植えるとき、わざとほかの種類の野菜と並べて植えます。そうすると、「エダマメの葉は柔らかいけれど、キュウリの葉はとげとげしている」など、子どもたちがさまざまなことに気づき、自然と理解を深めているように思います。（田中）

ヒマワリの茎や種を使って

2~5歳児 ヒマワリの茎のスポンジ取り

ヒマワリの茎の中身は、柔らかいスポンジのようになっています。取り出してあそんでみましょう。

①大きく育ったヒマワリの茎を、縦半分に裂く。
②中に詰まっている白いスポンジ状のものを取り出す。

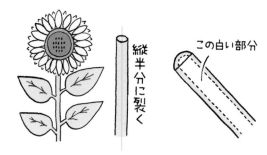

縦半分に裂く

この白い部分

●細かくちぎって、
　ままごとのご飯に

●細長くちぎって、
　引っ張りっこ

●製作の素材に

さらに
もう一歩

ヒマワリは漢字で書くと「向日葵」。お日さまのほうを向く植物を意味しています。これはヒマワリの茎に大きな秘密があります。茎の先端ではいつもオーキシンと呼ばれる成長促進物質が作られていて、このオーキシンは茎の光の当たらない側に多く作られます。そのためお日さまの光が当たる反対側の茎が成長して、お日さまの光が当たるほうに花が傾いてしまうのです。ヒマワリの茎には植物に共通するオーキシンという、まるで魔法のように思える働きをする物質の秘密が隠されているのです！

草花の周りにいる
身近な生き物 　**バッタ・カマキリ**

バッタは、トノサマバッタ、ツユムシ、クサキリ、クビキリギス、キリギリス、クツワムシ、ウマオイ、オンブバッタ、マツムシなど多様で、身近でよく見かけます。そんなバッタの天敵は、大きな鎌を持つカマキリです。カマキリは、オオカマキリ、カマキリ、ハラビロカマキリ、ヒナカマキリなどの種類がよく見られます。カマキリは、バッタのほかにさまざまな昆虫などをえさとしています。

また、多くのカマキリの体内には、ハリガネムシが寄生しています。カマキリを観察ケースに入れて、少量の水をケースに入れるとカマキリのおしりから黒く細長い棒のようなハリガネムシが出てきます。ハリガネムシは、乾燥するとカチカチの棒状になって動かなくなり、水に浸すと再び蛇のようにくねくねと動き出します。

(2〜5歳児) ヒマワリの種で作ってあそぼう

たくさんとれるヒマワリの種も、いろいろなあそびに使えます。

●色水作り

黒い部分が多いヒマワリの種を収穫して、水につけておくと赤紫色の色水がとれる。この色水でジュースごっこや色水絵を楽しもう。

色が出た！

●はり絵であそぶ

①収穫したヒマワリの種を、2週間くらい乾燥させる。
②種に油性フェルトペンで色を塗り、はり絵をする。

(2〜5歳児) ヒマワリの花を使って製作しよう

①紙粘土で好きな形のペンダントやストラップを作り、クリップを差し込む。
②①にヒマワリの花びらを木工用接着剤ではり付け、その花びらの上にコーティングをするように水に溶いた木工用接着剤を薄く塗る。木工用接着剤が乾けば、つやのあるペンダントやストラップの出来上がり。

学びへのつながり

夏にあれだけ高く成長したヒマワリ。まずはみんなでヒマワリの種を収穫する作業を楽しみたいですね。そして、それは「いのち」の循環を感じる体験につながります。種を少しずつ小さな袋に入れて家庭に持ち帰ったり、お世話になった地域の人にプレゼントしたりするのもよいでしょう。ヒマワリの種に親しむことを通して、翌年にこの種がまた実を結ぶこと（いのち）を想像する機会につなげたいものです。

紙粘土

水に溶いた接着剤を指で塗る

差し込む

接着剤

毛糸

自然あそびこそ
SDGsへの大きなかけ橋

小西貴士
先生

　Sustainable Development Goals（持続可能な開発のための目標）、その頭文字をとって「SDGs（エスディージーズ）」と呼ばれる、地球もヒトも健やかに続いていけるようになろうという世界共通の目標が、国連で2015年に採択されました。これは2030年までの目標で、今や社会のいたるところで目にしますから、ご存知の方も多いでしょう。そのSDGsの考え方を理解するための図を、一つ共有しておきます。これは通称「SDGsウェディングケーキモデル」などと呼ばれます。上の段から順に「経済圏」「社会圏」「生物圏」となっています。わたしたちが、カフェでお茶をしたりショッピングしたりして、より豊かに生きたいと願うことは当たり前のことです。でも、それは医療が受けられたり水道が利用できたり、わたしたちの生命が安心して続いていくことが守られてこそです。それが1段目と2段目の「経済圏（ECONOMY）」と「社会圏（SOCIETY）」の関係です。そんな1・2段目のヒト社会が続いていくには、実は3段目の「生物圏」の段がしっかり続いてこそです。3段目が大きく崩れることがあれば、ショッピングなどはもとより医療や教育も難しくなります。わたしたちヒトの当たり前の暮らしは「生物圏（BIOSPHERE）」、いわゆる自然と呼んでいるものによって下支えされているのです。

　幼いころに自然に親しむことは、その人の資質や能力を伸ばすことの意味を超えて、その人が生まれてきたこの世界という基盤に親しむということです。わが家に危険な化学物質をまき散らして、ごみだらけにして、心地よい人はいないでしょう。親しむということは、そんなわが家で毎日当たり前に暮らしながら、一つ一つを「よきものだ」と当たり前のように感じ、覚えてゆくことです。幼いころから自然に親しむことが、今ほど意識的に求められている時代は、ヒトの歴史上はじめてでしょう。どうか、肩に力を入れすぎず、でも本当に大切なことなんだと考えて、幼い人たちと一つ一つに出合っていってくださいね。

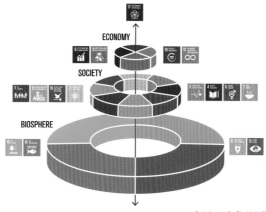

Azote Images for Stockholm Resilience Centre, Stockholm University

夏の草

春に比べて緑も濃くなり、さまざまな草が生い茂ってくる季節です。春とは違った種類や形の葉っぱを使ってあそんでみると、新たな気づきがあるのではないでしょうか。

(0〜5歳児) 夏の葉っぱを触ってみよう、集めよう、観察しよう

いろいろな種類の葉っぱを集めてみましょう。

●大きさ順に並べる

大きさ順に並べているうちに、葉っぱの厚みの違いや表面の感触の違いなど、気づきがたくさんあります。

●匂いをかいでみる

葉っぱにもさまざまな匂いがあります。いろいろ集めて比べてみたり、似た匂いごとに分類してみたりしても楽しいです。特に、園庭やプランターにミントやカモミール、レモングラス、カレープラントなどのハーブを植えておくと、葉っぱの匂いの違いがはっきりわかり、子どもたちの匂いに対する興味もかき立てられるでしょう（ハーブの育て方は、115ページ参照）。

学びへのつながり

子どもはよく葉っぱを「見て」と持ってきます。そこでの保育者の子どもの思いの拾い方によって、あそび方や学びが広がったり、深まったりするものです。葉っぱを丁寧に並べてみたり、匂いをかいでみたりするだけで、子どももまねますよね。ハーブでお茶を作る経験につなげれば、匂いへの関心が大きく高まると思います。押し葉作りからは、葉っぱを1枚1枚丁寧にその違いを見る経験や、葉脈の発見の機会にもつながるかもしれません。

(4〜5歳児) 押し葉作り

図鑑や絵本でなんの葉っぱかを調べて押し葉図鑑を作ったり、フォトフレームに入れて飾ったりしてもすてきです。

①新聞紙の上にティッシュペーパーを置き、その上に葉っぱを置く。
②①の上に、ティッシュペーパー、新聞紙の順に置く。
③②をジッパー付きのポリ袋に入れて、密封する。
④③を分厚い本の間に挟み、さらに上から何冊か本を載せ、重しにする。
⑤3〜4日経って、葉っぱが乾燥したら出来上がり。

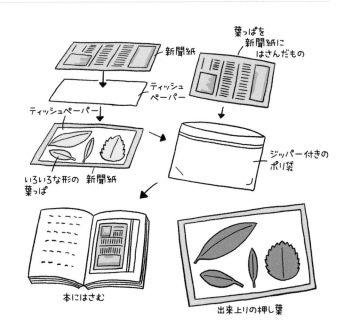

新聞紙
ティッシュペーパー
ティッシュペーパー
葉っぱを新聞紙にはさんだもの
いろいろな形の葉っぱ
新聞紙
ジッパー付きのポリ袋
本にはさむ
出来上りの押し葉

（2~5歳児）葉っぱのスタンプ

葉っぱにインクを付けて、いろいろな模様を楽しみましょう。

①好きな葉っぱを選んでスタンプ台に押し当て、まんべんなく
インクを付ける。
②①の葉っぱの上に普通紙を置いて、
手のひらで押さえる。

（1~5歳児）クリアファイルで葉っぱのこすり出し 豆知識→P.133

拾い集めたムクノキの葉っぱとクリアファイルで、こす
り出しをしてみましょう。

①透明なクリアファイルに黒・紺色などの濃い色の画用紙
をはさみ、クリアファイルの表面をムクノキの葉っぱで
こする。ざらざらした葉っぱなので、こすったクリアファ
イルの表面が白く曇る。丸や三角などの模様にする。
②白く曇った所に、油性フェルトペンで目鼻などをかく。

クリアファイルの表
面をムクノキでこす
ると、白く曇る。

**さらに
もう一歩**

飛行機から下を見たとき陸地が緑色に見えるのは、葉っぱが緑色をしているためです。この葉っぱで、水と二
酸化炭素と太陽の光から有機物を作っています（光合成といいます）。この有機物を食べることで、私たちヒト
や動物や昆虫や微生物などが生きているのです。ちょっとおおげさにいえば、飛行機から見える緑色は、この地
球というお皿の上に、食べ物が山盛りになっているということができるかもしれません。だから緑があることが
大切なのです。

**実践園の
保育者より**

●水に葉っぱを浮かべ、その上に石を載せたりしてあそんでいます。小さな子は、水流で葉っぱが動いたり、沈
んだりすることを楽しんでいます。そういう小さな発見を大事にしたいと思います。（村田）
●大きい子たちは、「大きい葉っぱのほうが沈まない」など、浮力や重さの不思議に興味が広がっています。（田中）

(2~5歳児) 葉っぱのたたき染め

いろいろな葉っぱを集めて、たたき染めをしてみましょう。色や香りが強いドクダミ、小さくて色が出やすいシロツメクサ、夏でも赤い葉があるカエデなどがお勧めです。

①白い布を三角や四角に折り曲げ、間に葉を挟む。
②高さ5〜10cmの板の上に乗せ、木づちで優しくたたく。しばらくすると、葉っぱの形が浮き出てくる。

低年齢児でも葉っぱを挟んだ布をトントンするのは楽しく、布に色が付いたときはうれしい。

ドクダミ

シロツメクサ

カエデ

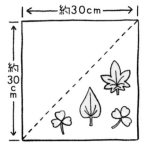
← 約30cm →
約30cm

木づち
トントン
高さ5〜10cmの板

学びへのつながり

たたき染めのように、子どもは自分から何かに働きかけることで、変化が出るあそびがとても好きです。葉っぱの種類によって、色や匂い、形などが違うことに気づくでしょう。ここから、「この葉っぱでやってみたらどうなるだろう？」と興味が広がり、好奇心や探求が広がることが大切な学びです。葉っぱに対する親しみから、葉っぱの名前を知りたいという知的な関心の広がりにもつながるでしょう。

(4~5歳児) トクサのつめ磨き 豆知識→P.133

ざらざらしたトクサの茎を利用して、つめ磨きを作りましょう。

①トクサの茎を1か所縦に切る。
②①の切れ目から茎を開いて広げ、板の上に乗せて両端をクリップで留める。そのまま1週間乾燥させる。
③②が乾いたら、木工用接着剤ではり付ける。茎につめを当て、茎の筋に対して垂直に動かして磨く。

※カッターを扱うときは、十分注意しましょう。

トクサでつめを磨くと、ピカピカに。

縦に切る

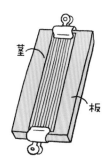
茎
板

垂直に動かす

②~⑤歳児 クズであそぶ 豆知識→P.134

秋の七草としても有名なクズの葉は、夏に茂ります。繁殖力が高く、身近な場所にもよく生えている野草なので、いろいろなあそびに使ってみましょう。

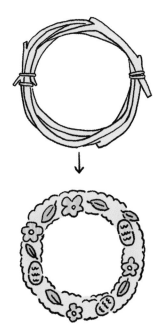

クズのつるで綱引き。

●クズの葉鉄砲

①片手を軽く握る。
②その手の上にクズの葉を載せ、もう一方の手で勢いよく葉をたたく。葉っぱが破れて、「パン！」と、よい音がする。

●リース

①長いつるを用意する。つるを4周くらい巻き付かせるようにして輪にする。
②巻き終わりを細いワイヤーで留めて、出来上がり。好きな葉や実を飾る。

●縄跳びや綱引きにも！

クズのつるはしっかりしているので、綱引きの綱にしたり、縄跳びの縄代わりにしたりして、あそんでみましょう。

さらにもう一歩

クズは日本原産のマメ科の植物で、その強い繁殖力から海外では侵略的外来種に指定されています。つるを伸ばし、空き地を覆い尽くす様子を見ると、厄介者扱いされることもわかりますが、日本では昔から親しまれてきました。花・芽・葉・実を食べたり、根や花を薬にしたり、そのつるから布を作ったり、それらの文化は現在でもしっかり残っています。わたしたちのご先祖を生かしてきた重要な植物の一つだったといえるでしょう。

夏の樹木

照りつける陽光をさえぎり、涼しい木陰を作ってくれる樹木。葉の付き方や枝の様子にも注目してみましょう。枝はさまざまなあそびに使えます。

(2~5歳児) ササの葉の音を聞いてみよう

ササの葉は、表面がザラザラとしているので、こすり合わせると音が出ます。小さい声で歌をうたって、ササの葉を打楽器のようにして合奏してもおもしろいでしょう。

学びへのつながり

ササの葉で音を出してあそべるなんて、子どもたちはとても興味をもつでしょうね。また、ササ舟作りは昔から人気のあそびです。園外で川に流せる機会があれば、何度も繰り返してあそびます。5歳児は本格的に作るのもいいですが、小さな年齢の子はササを流すだけでも楽しめます。地域によってはササ舟に願いを込める風習もあるようです。自分の願いごととつなげる機会になるかもしれません。川に出る場合は安全への配慮も大切です。

(2~5歳児) ササの葉あそび

夏に豊富なササの葉を使って、伝承あそびを楽しみましょう。

●ササあめ
①ササの葉を、柄を少し長めに残してとり、図のように三角に折っていく。
②最後に、柄を中に差し込んだら出来上がり。たくさん作ってままごとに使ったり、飾りにしても楽しい。

●ササ舟
①葉の両端を折り曲げて3つに裂き、図のように差し込んで組み合わせる。
②水に浮かべ、息を吹きかけて動かしてみよう。友達と競争しても楽しい。

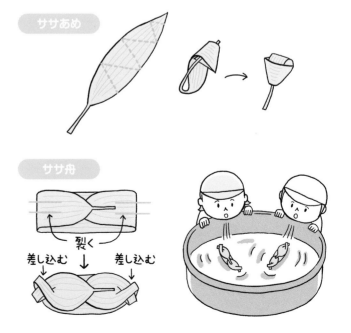

ササあめ

ササ舟

裂く

差し込む　差し込む

(4~5歳児) 竹ぼうき

七夕で使った竹やササで、ミニ竹ぼうきを作りましょう。

①枯れた竹やササを、葉ごと水につけて一日置く。

②翌日には葉がきれいに落ちるので、枝を切り、細い枝と太い枝に分ける。

③太い枝の先に、セロハンテープで細い枝を付けていく。最後は、麻ひもをセロハンテープを隠すように巻き付ける。

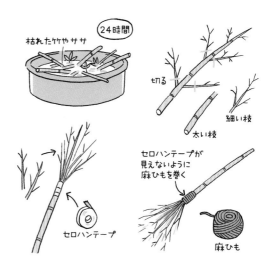

(4~5歳児) ティピー作り

大きな幹や枝で、ティピーを作ってみましょう。ティピーとは、アメリカ先住民の平原に住む部族が利用する移動用の住宅です。

①人が入れる大きさに、幹や枝を組む。

はじめに、直径5cmくらいの葉をとった枝を3本束ね、上をロープで結び、下を開き、三脚のようにする。そこに枝を足していく。

②葉っぱ付きの枝を、ティピーの外側にさして飾る。

※安全面に配慮して楽しみましょう。

ダイナミックなティピー作りは、冒険心もくすぐる。

学びへのつながり

基地作りは昔から人気のあそびです。園外に豊かな自然の場があれば、枝などを集めに行くのもよい機会になります。家庭や地域で枝を提供していただける場合は、みんなでもらいに行くのもいいでしょう。園庭の一角にそうした枝などをどうレイアウトするか、試行錯誤し、友達と協力しながら作るのも大切な経験になります。

実践園の保育者より

●七夕が終わった後の竹でスイカ割りをしたり、コップや水鉄砲を作ったりしています。竹は昔から身近にあり、役立ってきたことが、子どもたちにも感覚として伝わりやすいです。(田中)

●夏には、竹を切ってそうめん流しをしたり、小さい穴を開けて水を通し、シャワーにしたりと、あそびや生活に活用しています。(原山)

(4~5歳児) 葉っぱの魚釣り

写真のように葉柄を丸めると、釣りやすい。

木の枝を釣り竿に、葉っぱを魚に見立てて魚釣りごっこをしてみましょう。子どもたちは、硬い葉、柔らかい葉、大きさの違う葉など、どれが釣りやすいかなど話しながらあそびを進めていくようになります。

●水に葉っぱを浮かべて

①大きなたらいなどに水を入れ、葉っぱを浮かべる。
②その葉っぱを、葉を取り除いた長い枝で引っかけ、枝の上に葉っぱが乗れば、魚釣り成功。

●葉柄を結んで

①葉柄（葉と枝との間の軸）を長めに付けた、いろいろな種類の葉っぱを用意し、葉柄部分を軽く結んでおく。
②①の葉っぱを水面に浮かべ、葉柄の結び目に枝先を引っかけて魚釣りをする。地面に葉っぱをまいて釣ってもOK。

さらにもう一歩

　昆虫と植物の関係にはとてもかないませんが、ヒトもその歴史の中で植物との関係を豊かに築いてきました。そのキーワードは「暮らし」です。衣食住をやっていくには植物との付き合い方がとても大切でした。もちろん植物のいのちをいただくわけですが、いただきっぱなしでは続きません。いただき続けることができるように暮らしの中で植物とうまく付き合ってきました。そんな大人の背中を見て子どもたちは育ってきました。子どもにとって植物であそぶことは大切ですが、大人が暮らしの中で植物とうまく付き合う姿を見ることは、それにも増して大切なことなのです。

樹木の周りにいる身近な生き物　｜　**セミ**

　セミも地域や気候によって生息場所が違い、アブラゼミ、クマゼミ、ミンミンゼミ、ヒグラシ、ツクツクボウシ、ハルゼミ、ニイニイゼミ、エゾゼミ、リュウキュウアブラゼミなど多くの種類がいます。
　セミは、成虫になるまでは土の中で2～5年ほど過ごし、成虫になってからは1週間から1か月ほど生きています。
　基本的にオスが鳴きます。オスの腹部には発音筋という筋肉があり、それを震わせて鳴き声を出します。セミの生態も種類によって違います。ぜひ、子どもたちと観察を楽しんでみてください。

絵本とつなぐ①
—— 絵本から広がる葉っぱへの興味

大豆生田啓友
先生

　子どもたちは本来、自然が大好きです。その自然への興味をさらに広げたり、深めたりするツールとして、絵本がとても役立ちます。

　たとえば、『はっぱじゃないよ　ぼくがいる』（姉崎一馬／文・写真　アリス館）という絵本があります。ある園で、「先生、見て」と葉っぱを持ってくる子が多く、子どもたちに葉っぱへの興味があった時期に、保育者がこの絵本を読んだときのことです。

　この絵本は写真絵本というジャンルで、葉っぱをよく見てみると、そこには顔が見えてくるというものです。日常、何気なく見ている葉っぱから違った魅力が見えてくるというもの。これを読んでもらった子どもたちからは、さっそく、「葉っぱじゃないよ。ぼくがいた」という声が生まれてきます。あちこちで、葉っぱから表情を発見し、それをサークルタイム（子どもたちが輪になって話し合う時間）で紹介する姿が生まれてきたのです。また、それを画用紙に美しくはり、壁面にはり出したりもしました。さらに、近隣の自然公園にも出向いて葉っぱ探しなども行ったそうです。こうやって、子どもたちの葉っぱ集めがブームになっていきました。このように、子どもたちの興味・関心をさらに広げたり、深めたりするツールとして絵本を活用できるのです。

　ただ、絵本の活用は、子どもの興味・関心から始めることをお勧めしたいです。この絵本もある時期にお決まりのパターンとして導入し、活用してしまうと、「子どもにさせる」ための活用となってしまいかねません。これでは、子どもの主体的な学びはあまり期待できません。できれば、子どもたちの関心に即して、どのような絵本を読んだらその興味・関心がより深まったり、広がったりするかを考え、どのタイミングでどんな絵本を読むかを考えたいものです。ここが、保育者の腕の見せどころです。葉っぱに関する絵本だけでも、たくさんの種類があります。ぜひ、関心をもって、絵本を探してみてください。こうやって絵本を探してみると、保育者のほうがきっとワクワクしてきますよ。

写真／伊野田幼稚園（沖縄県）

夏の栽培と飼育

夏は植物がいちばん育つ時季。夏野菜を含め、さまざまな植物を育ててみましょう。また、子どもたちの興味をもつ虫もたくさん出てきます。飼育しやすいのもこの時季です。

春に栽培した野菜にふれてみよう、観察しよう

春に種をまいたキュウリやトマトが生長し、そろそろ収穫の時季です。生長した茎や実であそんだり、観察したりしてみましょう。

いい匂い

●形や大きさ、匂いを感じて

それぞれの野菜の形や大きさの違い、匂いを、手に取って十分にふれながら、感じてみましょう。トマトの茎や葉には白く細かい毛がびっしりと生えている、白い毛に触って匂いをかぐとトマトの匂いがするなど、いろいろな発見があります。低年齢児も保育者と一緒にふれたり、匂いをかいだりする機会を作れるといいですね。

●味わってみよう

トマトやキュウリはよく洗って、がぶりと丸かじりをしてみたり、子どもたちの前でホットプレートで焼いてみたり、夏野菜カレーを作ってみたり、まずは味わってみましょう。野菜が苦手な子どもも自分たちで栽培した野菜は、「おいしい！」と食べてくれることが多いはずです。

おいしい

学びへのつながり

春から自分たちが育ててきた野菜を収穫し、それを食べることが、最大の「食育」といえるでしょう。食べることを通して、いのちへの感謝を全身で実感します。数量が限られている場合、どのように分けるのかを考えるのも重要な機会です。おすそ分けを考えることもあるかもしれません。あるいは、調理方法を考え、話し合う場ともなるでしょう。調理室の職員との交流の場にもなるかもしれませんね。

さらにもう一歩

当たり前ですが、野菜も植物です。芽吹き、伸び、葉を広げ、花が咲いて、受粉し、果実がなり、熟して種子が実るものが多く、その途中のどこかでわたしたちが食べています。いのちをつなぐことを考えると、受粉のステージはとても大切です。農作物の種の約75％もが、27ページで紹介したポリネーターに頼っています。野菜の花にやって来る虫たちはとても大切な存在です。子どもたちと、丁寧に出合ってみてください。

●野菜のスタンプ

キュウリやトマト、ナスなどの夏野菜を切り、切り口にスタンプのインクを付けて紙に押してみましょう。切り方によって、さまざまな形のおもしろさが見られます。

いろいろな色を用意

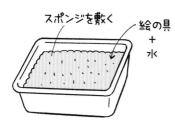

スポンジを敷く

絵の具＋水

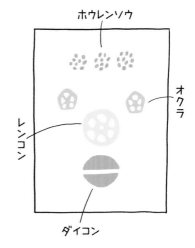

ホウレンソウ

オクラ

レンコン

ダイコン

●キュウリの茎の汁でシャボン玉

3~5歳児

キュウリやカボチャなど、ウリ科の植物の汁でシャボン玉ができます。試してみましょう。

①茎をはさみで切り、出てきた汁をストローの先に付ける。
②ストローの反対側から、そっと吹いてみる。

さらにもう一歩

野菜はその花が咲くと、急に親近感が湧くものがいます。たとえばゴボウの花は、アザミの花と似ています。それもそのはず、そのどちらもキク科の植物です。オクラの花もゼニアオイの花を連想させ、そのどちらもがアオイ科の植物です。ゴボウは根、オクラは未熟果を食べるため、それら食べる部分の形の印象が強く、花の印象は薄いことが多いのですが、花が咲くと急に見たことがある植物と結びつくから不思議です。

実践園の保育者より

●小さな子たちは、セミの抜け殻を集め、つぶす感覚を楽しむ子、知らない生き物に接するときのようなドキドキ感を味わう子など、抜け殻一つから、さまざまな感触や感情を味わっています。（村田）
●夏の終わりに死んでしまったカブトムシやザリガニを、お墓に埋めるのは忍びないという子どもたちと標本作りをしました。いのちについても考える時間になりました。（田中）

(4〜5歳児) イネの栽培 豆知識→P.134

イネを苗から栽培して、秋にお米を収穫してみましょう。

①田植えの時期は一般的に5月ころ。プランターは付属の栓か、栓が付いていないときは防水用のテープで内側・外側両方の穴を塞ぐ。プランターの半分以上まで土を入れ、その上5cmくらいまで水を入れる。ある程度深さがあれば、バケツや桶などでもOK。

②苗は5〜10本くらいを束にして、約20cm間隔で植える。

③肥料を定期的に施しながら、栽培・観察を続ける。

※穂が出ると鳥が食べに来るので、ネットを張る。ペットボトルで作った人形を置くのもよい。

※ほかの草が生えるとイネの栄養が取られるので、草とりはしっかり行う。水が減ってきたら足す。

④収穫時期はイネの種類によって異なるが、目安は穂が黄土色になったころ。穂を1本ずつとって瓶に入れ、しっかりした棒で籾殻をつつくと外皮がとれていく。

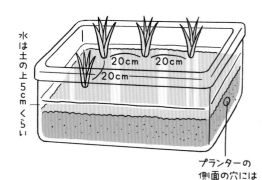

水は土の上5cmくらい

20cm 20cm 20cm

プランターの側面の穴にはふたをする

ネットを張る

ペットボトルの人形

学びへのつながり

米の栽培は、地域の農家とつながって実践してみるのもいいですね。農家に出向いて行って、実際に栽培の様子を見るのもよいでしょう。ふだん自分たちが食べている米が、どのようなプロセスを経て育つのかを実感するチャンスです。収穫の時期まで長い期間がかかるので、保育者はイネの生長を写真に撮って共有する、子どもたちと成長記録をとる、うまく育たないときには話し合いの場を設けるなどの工夫も必要かもしれませんね。

実践園の保育者より

●セミは、小さな子でも観察しやすい大きさなので、捕まえると「なんて名前？」などと、セミのことを調べ出す子もいます。しかし、捕まえたときに元気なセミも、エアコンのきいている保育室に連れてきてしばらく経つと、元気がなくなります。かわいそうだからと外に放つと、急に元気になるセミに、「助かった！」と、子どもたちは大喜び、セミのいのちをいとおしいと感じる子どもたちの姿があります。（村田）

(2~5歳児) 夏の虫を呼び寄せよう

虫の好物を知って、いろいろな虫を園庭に呼び寄せましょう。

●肉食の虫
（マイマイカブリ・ハンミョウなど）

①瓶にソーセージや鶏肉のささみを入れ、瓶の中に土が入らないよう、口まで土に埋める。
②翌朝、瓶の中にマイマイカブリやハンミョウが入っていることがある。

●木の汁を吸う虫
（カブトムシ・クワガタ・カナブンなど）

・黒砂糖200ｇ、焼酎200cc、酢大さじ２杯の割合でよく混ぜる。木の幹に塗っておく。
・バナナの皮をむき、何度も焼酎を塗る。そのバナナをガーゼに包んで木につるしておく。夜につるしておくと、明け方には虫が集まっている。

さらに
もう一歩

昆虫の種類は現在わかっているだけで約100万種、毎年3000種ほどの新種が発見されていて、実際は1000万種以上いるかもしれないという説があるくらいですから、この地球は虫の惑星と呼べるかもしれません。その豊かさに気軽に気づけるのは、夏から秋にかけての夜です。夜行性の昆虫が夜に照明に向かって飛んでくることが多くなります。宿泊型や夜まで過ごす行事のひとコマで、昆虫観察を取り入れてみてはいかがでしょう？

(2~5歳児) カブトムシ（甲虫）の飼育

捕まえたカブトムシを飼育し、観察してみましょう。オスとメスを上手に飼えば、卵も生まれ、幼虫から観察することもできるでしょう。

①観察ケースに10～15cmの厚さに市販のクヌギマットを敷き、その上に水で濡らした落ち葉を入れ、さらに朽ち木を２～３本入れる。
②スイカなどはおなかを壊すので、市販の昆虫ゼリーを与える。成虫は、一晩で小さいゼリーを２個くらい食べるので、えさを切らさないように注意。
③クヌギマットは、１週間に一度くらい替える。
④観察ケースは、直射日光の当たらない所に置く。

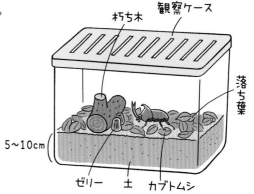

朽ち木　観察ケース

落ち葉

5～10cm

ゼリー　土　カブトムシ

「使える！」と
見るまなざしは半分で

小西貴士
先生

「この本でこんなこと書くなんて？」と思われる方もいらっしゃるかもしれませんが、幼い人と自然を分かち合うときに大切にしたいことの一つに、「自然を使えるまなざしだけで見ない」ということを挙げておきたいと思います。わたしたちヒトもまた自然の一部ですから、自然を食べ、使って生きています。それはそうなのですが、世界人口は急増中。増えるヒトがどんどん「使える！」と自然をみなしてしまうことは、これから生まれてくる世代の幸せを考えたとき、それではマズいぞ……ということです（特にこの70年間は「グレート・アクセラレーション」と呼ばれる人間活動の急加速が地球全体で進んでいることがわかっています）。

生態学の視点では、自然を「使える」とみなす価値観を「使用価値」などといいます。一方、現代のヒトにとって「使える」価値が一見低いように思われるもの（スズメバチや有毒なキノコなど）がこの地球に存在していることにも、大きな意味があります。地球46億年の歴史の中で、この地球に不要なものなどありません。すべての生命や物質が互いに支え合って、今の地球がデザインされているのですから。一見ヒトにとって不都合に思えるものが存在していることにちゃんと価値があるのだということを、生態学の視点では「非使用価値」や「存在価値」といいます。世界自然遺産に登録されるような豊かな森林や海などを、ヒトにとって「使える」というまなざしだけで見てしまうとどうなるでしょう？　おそらくそのほとんどが「使用価値」のわからないものなのではないでしょうか。「使用価値」がハッキリしないものが、ちゃんと在ってくれることが、わたしたちヒトが幸せに生き続けていくためには必要なのです。

とはいえ、ヒトも生き物としては自然の一部です。生きていくためには「使える」とみなすことも大切です。葉っぱや花を全部摘んでしまわないように、「ほどよく使う」というまなざしを大切にしたいですね。

写真／小西貴士

第3章

秋の自然

色とりどりに紅葉する葉っぱや、さまざまな木の実を目にする、
自然界の変化がわかりやすい季節です。
散歩やクッキングも通して、季節を満喫しましょう。

秋の葉っぱ

紅葉を美しいと感じるようになるには、小さいころからの経験が大事になってきます。特に大事なことは、第一に直接体験として紅葉した葉っぱにふれてあそび、感覚的に心に残る体験をすることです。第二には、一緒に紅葉狩りをする大人が紅葉を愛でる姿を見せて、言葉で美しさを表現したり、写真・絵などで子どもたちと美しいものを共有することです。自分の周りの大好きな大人が愛でるものは、自然と子どもたちの心に残るものです。

色づいた葉っぱを探そう

0〜5歳児　豆知識→P.135

　紅葉する葉っぱには、モミジ類、イチョウ、カエデ類、ニシキギなどがあります。園庭や公園で色づいた葉っぱを探してみましょう。

学びへのつながり

　季節に限らず、葉っぱ探しは子どもたちに人気のあそびです。特に色づいてきた時季には、さまざまな色合いの葉っぱを探すと楽しいでしょう。赤だけでなく、緑や茶色などの色の違い、あるいは1枚の葉っぱでもグラデーションがあるなど、たくさんの発見ができます。色だけでなく、葉っぱの種類による違いや形のおもしろさを探してみるのも、子どもたちが夢中になる楽しいあそびです。

モミジ類

イチョウ

カエデ類

ニシキギ

⓪〜5歳児 落ち葉でプール

園庭や公園でたくさん落ち葉を拾ったら、大きめの段ボール箱やビニールプールに入れて、落ち葉のプールを作ってみましょう。落ち葉がすれ合ってカサカサいう音、感触などを体全体で味わってみましょう。

葉っぱの布団にくるまって、全身で感触を味わう。

⓪〜5歳児 窓辺に葉っぱを飾ってみよう

紅葉した葉っぱを、毛糸やひもなどに結び、窓辺につるしてみましょう。色とりどりに紅葉した葉っぱが風になびいて回転したり、揺れたりする様子はきれいです。葉っぱの大きさや種類によって動き方が違うことにも気づくでしょう。葉っぱをラミネート加工してつり下げれば、長持ちします。

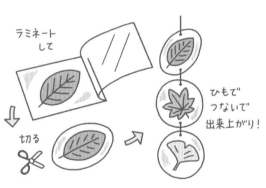

のれんのように、葉っぱをつり下げて。

さらにもう一歩

秋になると葉が落ちる木があり、わたしたちの目を引きます。これは厳しい寒さを前に植物が弱っていると理解するよりは、進んでやっていることだと理解してみてください。冬は寒く乾燥する季節です。その状況で光合成をして炭水化物を作っても、それで得られるエネルギー量と体を維持するエネルギー量を比べると割に合いません。そこで、木の幹や枝を生かして、葉は落としてやり過ごそうという、木のとても賢い生き方なのです。

実践園の保育者より

●散歩に持っていくリュックには、黒いフェルトを入れておき、拾った落ち葉を上に並べられるようにしています。小さな子どもたちにも大きさや色の違いがよくわかり、興味・関心が強まります。（村田）
●たくさん集めたタマネギの皮を、重曹を入れた湯で煮ると、タマネギの色水ができます。その色水で、和紙を染めて製作に使ったり、Tシャツを染めたりしています。色水はあそびだけでなく、生活にも密着したものになっています。（上田）

4~5歳児 タラヨウのはがき 豆知識→P.135

タラヨウは、公園や街路樹などによく植えられているモチノキ科の常緑樹です。肉厚な葉っぱを裏側から傷つけると、字や絵がかけます。この「葉に書く」が「葉書（はがき）」という言葉になりました。竹ぐしで、字を書いてみましょう。切手をはれば郵便で出すことができますが、本当に「はがき」として出す場合は、大きさによって値段が違うので、郵便局に相談してみましょう。

さらに
もう一歩

67ページの続きです。葉を落とす前に、葉の色が変わるのはなぜなのでしょう？　実は、春から夏の間、光合成をして働き続けてきた葉っぱの中のクロロフィル（緑色）を分解して、葉を切り離す前に回収しているのです。そうすると緑色が抜けてゆき、その後にカロテノイド（黄色）が残り黄色に見えますが、これもやがて分解され回収されていきます。赤色になるのは諸説ありますのでここでは省略しますが、葉の色が変わるというのも、木という生命の生き方がいかにすばらしいかをよく表していますね。

2~5歳児 秋の葉っぱではり絵

きれいに紅葉した葉っぱで、はり絵を楽しみましょう。

①紅葉した葉っぱを、カタログなどのページが多く、厚い本に挟んで、2週間ぐらいそのままにしておく。

②乾燥した葉っぱを取り出し、模造紙や画用紙にのりか木工用接着剤などではり付けて絵にすると、いろいろな表現を楽しむことができる。

木の実など　接着剤

学びへのつながり

「押し葉」は押し花と同様、植物に愛情を込めるあそびともいえます。ですから、作ることを目的にするだけでなく、葉っぱを並べて、その違いを味わうのもよいでしょう。その色や形、種類による違いなどです。さらに、本などの重しをかけることで、その後の変化にも注目したいですね。そして、それをフレームに入れて飾ったり、プレゼントの箱の飾りに添えたりなど、活用のセンスも大切にしたいところです。

（4〜5歳児）ススキの矢飛ばし

豆知識→ P.134

どこまで高く飛ばせるか、みんなで競争してみましょう。

①幅広のススキの葉を選び、約1mの長さに切る。根元側から図のように2か所を15cmほど切り込む。切った外側の葉は、下に垂らす。

②左手で葉の下を支え、右手で下に垂らした葉を勢いよく引っ張ると、真ん中の葉の軸が矢のように飛ぶ。

※ススキの葉は先が鋭く、手を切ることがあるので注意。

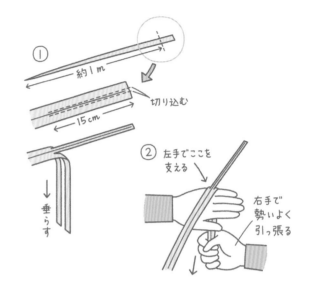

（2〜5歳児）ススキの穂人形

ススキの穂を使って、人形を作ってみましょう。

①ススキの穂を10本くらい束ねて穂を下に折り曲げ、糸や輪ゴムで留める。

②紙で目や口を作り、木工用接着剤をはる。

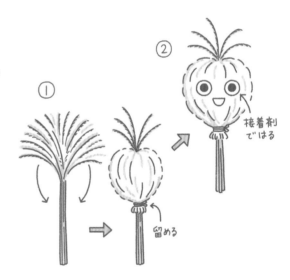

秋の身近な生き物　**トンボ**

　夏から秋にかけて空を舞い、子どもたちが夢中になって追いかけるトンボは、卵から生まれると「ヤゴ」と呼ばれる幼虫になり、数回の脱皮後に成虫になります。成虫は、主に蚊、蛾などの虫を捉えてえさとします。オニヤンマ、ギンヤンマ、アキアカネ、ハグロトンボ、モノサシトンボ、アオイトトンボ、ムカシトンボ、エゾトンボ、シオカラトンボなど、たくさんの種類のトンボがいます。

　ぜひ、子どもたちとヤゴから飼ってみてください。成虫になる過程を観察し、水生の生き物が羽をもって見事に飛び立つ不思議さを目にすることができれば、生物の多様性を感じる経験になることでしょう。

（2〜5歳児）アカメガシワの葉っぱ

アカメガシワの葉っぱで色水を作り、絵をかいたり、ままごとに使ったりしてみましょう。色水の独特な青臭い匂いにもびっくりします。

①アカメガシワの葉っぱをとる。生木についているものでも、落ち葉でもOK。
②茶色になるまで乾かす。
③②を水に浸しておくと、色水ができる。

変な匂いがするー

さらにもう一歩

多くの保育者と話していて感じるのですが、種から芽吹くのは春だと思い込んでいる人がたくさんいます。実際は、秋にも種から芽吹く植物はたくさんあります。これは暑さの厳しい夏や、寒さの厳しい冬を種で乗り切ろうとする植物の大切な戦略です。秋まきの種の植物は、春に果実が実り、厳しい夏を種で乗り切る生き方を選んだ子たちなのです。どうですか？　目の前の種や植物がちょっと違って見えてきませんか？

（2〜5歳児）サツマイモの葉っぱ

サツマイモの葉っぱの色水は濃い緑色で青臭い匂いがし、糸を引くほど粘りがあります。糸を引くことやべたべたする感触も楽しみながら、絵をかいたりしてみましょう。

●葉っぱを数枚すり鉢に入れ、すりつぶしながら少しずつ水を加えていく。

サツマイモの葉っぱの色水は、きれいな緑色。

実践園の保育者より

●サツマイモやヘクソカズラのつるを、柔らかいうちに輪っかに丸めて麻ひもで縛り、数日置いておくと、乾燥してしっかりとしたリースの土台になります。そこに木の実などをはり付けてリース作りをしています。（上田）
●落ち葉で、コンポスト作りをします。園庭だけでなく、近くの公園でも落ち葉拾いをするので、地域貢献にもなっています。（田中）

（3〜5歳児）ドライリーフ・フラワーを作ろう

採取した葉っぱや花で、ドライリーフやドライフラワーを作ってみましょう。

①バラやビオラなどの枝を数本束ね、逆さにつるしておく。ミモザやローズマリー、オレガノのような強い香りのハーブで作ると、つるしておくだけで香りが広がり、楽しめる。

※花をくっつけたまま乾燥させると、ふれあっている部分がかびてしまうことがあるので、束は大きくなりすぎないようにする。

②3〜4週間で乾燥する。出来上がったものは、そのまま飾ったり、製作に使用したりする。

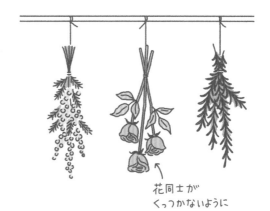

花同士がくっつかないように

（3〜5歳児）ドライリーフ・フラワーで粉絵

ドライリーフ・フラワーができたら、粉状にしたもので絵を作ってみましょう。

①ドライリーフ・フラワーを手で細かくし、すりこぎなどですりつぶす。
②薄い色の画用紙に木工用接着剤で絵をかく。
③①で粉状にしたドライリーフ・フラワーをまんべんなくかけ、画用紙を揺すって余分な粉を落とす。

すり鉢でドライリーフをすりつぶす。

接着剤

接着剤でかいた絵の上に、粉状のドライリーフを振りかければ、粉絵の出来上がり。

学びへのつながり

ドライリーフやドライフラワー作りは、葉っぱや花の「いのち」を大切にする活動でもあります。枯れてしまっても、その美しさを味わい、実感することができます。ですから、葉っぱや花の「いのち」を大切にするためのプロセスを子どもたちと話しながら、製作をしたいものです。そうすることで、子どもが葉っぱや花への愛情を込めて、製作したり、飾ったりすることにつながるものと思います。

coʎumn

ヒガンバナ

出原 大
先生

　『ひがんばな』（甲斐信枝／作　福音館書店）の絵本の一節に、「きゅうこんをなめてごらん。ピリリとからいから。これはどくがあるからです」と書いてあります。

　ヒガンバナは、毒花として有名ですが、実は有毒植物の中ではそれほど強毒のものではありません（しかし、食することはできません）。ヒガンバナは、畑や田んぼのあぜに生えているのをよく目にしませんか？　なぜなら、ヒガンバナのピリリとからい毒の球根は、地面を掘り荒らすモグラやイノシシ除けに植えられているからです。モグラもイノシシも地面を掘っているときに、鼻や口にヒガンバナの球根が当たると、飛んで山に逃げ帰るのでしょう。そんな、畑や田んぼにとって大切なヒガンバナは、長く伸びた花軸の先にきれいな花を咲かせます。もし、この魅力的な花を見つけて、子どもたちがポキポキと折ってしまうとヒガンバナの球根が傷み、畑が動物に荒らされてしまったりします。そこで、いつしか大人たちが「あれは毒花だから、さわったらいけないよ」と注意して言い伝えたことが伝説になって、「ヒガンバナは毒花」として有名になったようです。

　有毒植物一つをとっても、いろいろな「いわれ・エピソード」があります。わたしたちの身近に有毒植物は2000種類ほどあります。毒も性質を知ると、薬や生活用品に使われていることがあります。このようなことを調べて子どもたちに教えることも、自然の多様性を感じるよいチャンスになります。ぜひ、有毒植物や、その植物がどう利用されているかも調べてみてください。

秋の木の実

秋はさまざまな木の実がみのる季節です。代表的なものに「どんぐり」や「まつぼっくり」がありますが、「どんぐり」はブナ科の木の実の総称で、クヌギやコナラなどたくさんの種類があります。「まつぼっくり」もクロマツやモミなど針葉樹の木の実の総称で、大きなもの、細長いものなど多彩です。個性豊かな「どんぐり」や「まつぼっくり」と出会っていろいろな違いに気づくことは、子どもたちにとって興味深い体験になることでしょう。

どんぐりであそんでみよう
豆知識→P.135

0〜5歳児　観察してみよう！

野山や公園で子どもがどんぐりを見つけたら、「まだ、あるかな？」と、どんぐり探しをしてみましょう。いろいろなどんぐりを拾って、観察してみてください。

＊低年齢の子どもが口に入れないよう、注意しましょう。

クヌギ

シラカシ

マテバシイ

スダジイ

0〜5歳児　マラカス

どんぐりがたくさん集まったら、マラカスを作ってみましょう。大きさや種類の違うどんぐりを入れることで、音の違いが楽しめます。

●容器の中に乾燥したどんぐりを入れ、もう一つの容器と合わせてテープで留める。いろいろな木の実を混ぜたり、種類別にマラカスを作ったりなど、複数作ると音の違いがおもしろい。

＊低年齢の子どもが口に入れないよう、注意しましょう。

学びへのつながり

　どんぐりは秋の人気の自然物。しかし、どんぐりが単なる製作やあそびの道具にしかなっていないとすれば残念なことです。どれだけいとおしい「いのち」としてどんぐりを実感する経験となっているでしょうか。極端にいえば、ときにはどんぐり製作をしないで、どんぐりに親しむ保育も考えたいものです（ここでも製作を紹介していますし、それが悪いわけではありません）。どんぐりがどのように育っているのかについて、子どもたちと一緒に、その「いのち」を実感する機会を味わってみるのもいかがでしょうか？

どんぐりであそんでみよう

秋の自然

実

(2~5歳児) 斜面転がし

紙パックなどで斜面を作り、転がしてあそんでみましょう。どんぐりには、細長いもの、ふっくらしたものなど木の種類によってさまざまな形があります。まん丸ではないので、おもしろい転がり方をします。

① 紙パックを図のように切り、ガムテープでつないでいく。
② 紙パックの道が斜めになるよう、台の上に置き、どんぐりを転がす。

斜面を転がして、コップを倒してあそんでも。

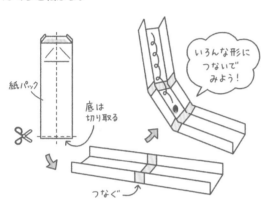

紙パック
底は切り取る
つなぐ

いろんな形につないでみよう！

学びへのつながり

どんぐりを転がすあそびでは、どんぐり一つ一つの大きさの違い、形の違いなどによる転がり方や速さの違いを感じる機会になります。どんぐりの種類に気づくことにもなるかもしれません。どうしたら速く転がるかだけではなく、形や種類による転がり方の違いを味わうことで、多様性についても感じる機会になるとよいですね。

(4~5歳児) 標本作り

仕切りのある箱を用意し、拾い集めたどんぐりを形や色などを見ながら、種類別に分けます。図鑑などで、名前を調べて書き込んでもよいでしょう。

これは？
これかな？

仕切りのある箱

スダジイ　マテバシイ　　　　カシワ
ツクバネガシ　シラカシ　　ナラガシワ
コナラ
アラカシ
クヌギ

名前を書く

さらにもう一歩

どんぐりにはたくさんの実がなるなり年と、例年に比べて少ない不なり年があります。これを「隔年結果」といいますが、古くから多くの人がなぜそうなるのか興味をもって調べ、考えてきました。どんぐりは、ネズミの仲間やカケスなどが冬に備えて土に埋めて忘れてくれることで、発芽率が上がるといわれています。ネズミやカケスが増えすぎず、減りすぎず、ちょうどいい関係でいるには、豊作と凶作の年があることが合理的なのではないかと考えられたりしています。さて、真実やいかに？

③~⑤ 歳児　帽子合わせ

いろいろな種類のどんぐりを集めて、それぞれ帽子（殻斗）を取り、どれがどのどんぐりの帽子か、当てっこします。

いろんな帽子があるね

これだ！

実践園の保育者より

●園庭にどんぐりのなる木が5種類くらいあります。中には生で食べられる種類もあるので、時季になると、子どもたちはあそびの一環としてとって食べるのを楽しみにしています。（上田）
●そうめん流しで使った竹を斜めに立てかけ、トタンたらいで受けます。すると、どんぐりを転がすあそびが大流行。せき止めてみたり、水を流してみたりと、あそびが勝手に広がっていきます。（原山）

③~⑤ 歳児　木の実投げ

場所を定めて、どんぐりなどの木の実を投げてあそびます。

①地面に円をかき、そこから離れた位置に線を引く。
②1人3個ずつ木の実を持ち、線の所から順番に木の実を投げる。円の中に木の実がいちばんたくさん入った子どもの勝ち。

えいっ

おー

学びへのつながり

あそびに加えて、放置されたどんぐりはその後、どのように育つのかを考える機会があってもいいかもしれません。どんぐりは自分たちで育てることができるのか？　そもそもどんぐりは大きくなるとどうなるのか？　実際にどんぐりが落ちてきた木を調べてみようなど、科学的な好奇心に加え、どんぐりの「いのち」を考える機会にもつながります。

どんぐりであそんでみよう

(4~5歳児) こま

いろいろなどんぐりでこまを作ってみましょう。

①木からとった緑色のどんぐりにつまようじをしっかり差し込みます。

②つまようじの先を約1cm残して切ります。

※緑色のどんぐりは柔らかいので、子どもでもつまようじで穴が開けられる。

※落ちている硬いどんぐりを使う場合は、保育者がきりなどで穴を開ける。

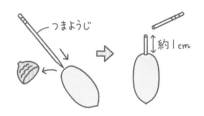

まわった！

(4~5歳児) やじろべえ

やじろべえを作ってみましょう。

①皮が柔らかいクヌギやウバメガシのどんぐりを使う。保育者がきりで穴を開ける。

②油性ペンで顔をかいたら、穴に木工用接着剤を塗り、竹ぐしを差し込む。

③中央の竹ぐしを指で支えて、ゆらゆら揺れるやじろべえの動きを楽しむ。

① クヌギ　ウバメガシ　穴を開ける

② 穴に接着剤をぬって差し込む

顔をかく

竹ぐし

③

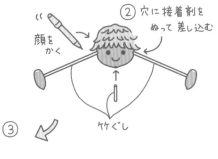

ユラ　ユラ

学びへのつながり

どんぐりはこまややじろべえ、笛作りなど、さまざまなあそび方ができます。これらは、子どもたちが夢中になる伝承的なあそびでもあります。手先を使って試行錯誤したり、長時間じっくり集中したりするあそびでもあります。そのようにどんぐりにじっくり向き合うあそびが保障されることで、子どものやりぬく力にもつながることでしょう。

さらにもう一歩

ミズナラのどんぐりは、渋の成分であるタンニンの含有量がほかのどんぐりよりも多いのが特徴です。タンニンを多量に摂取すると臓器不全を起こし、死に至ることもあります。でも、森に住むアカネズミはミズナラのどんぐりを食べているのです。これまでの研究から、アカネズミの唾液の成分や腸内細菌が、タンニンのダメージを軽くしていることがわかってきました。動物たちにいいえさだと興味をもってもらいたいけれど、食べられっぱなしでは困るというミズナラのどんぐりの苦悩（？）と、アカネズミの生き残り戦略の攻防は現在進行中なのです。

まつぼっくりであそんでみよう 豆知識→P.136

2~5歳児 まつぼっくりの瓶詰め

まつぼっくりは、ぬれると種を守るためにかさを閉じ、乾燥すると一斉にかさを開いて種を飛ばそうとする習性があります。それを利用して、植物の不思議を感じてみましょう。

①水に浸けてしぼんだまつぼっくりを、口の細い瓶に入れる。
②しばらく置くと、乾燥してかさが開き、瓶から出せなくなる。

乾いてくると、かさが開いてくる。

2~5歳児 いろいろな種類のまつぼっくりで、飾りを作ろう

まつぼっくりでかわいい飾りを作りましょう。

①ビーズやスパンコール、毛糸、フェルトなど、まつぼっくりを飾る材料を用意する。
②好きな大きさや形のまつぼっくりを選び、用意してある材料を自由に使って飾りを作る。

毛糸
ビーズやスパンコール
できた！
色をぬっても

学びへのつながり

まつぼっくりも秋の人気の自然物です。どんぐり同様、まずはまつぼっくりを単なる製作の道具として考えるだけではなく、まつぼっくりそのものに親しんでみましょう。子どもたちと瓶詰めをすることによって、種の存在に気づきます。そもそもその種はなんの種なのか？ その種は育てることができるのかなど、子どもと一緒に考えることで、好奇心やいのちを感じることにつながるでしょう。

実践園の保育者より

●ジッパー付きのポリ袋などを持って散歩に行くと、まつぼっくりやどんぐりを拾ったときに、小さい子でもどれだけとったかがひと目でわかり、達成感があるようです。（村田）
●春と秋に来てもらっているインタープリター（森の案内人）を介して、街の園にまつぼっくりを届けたことから、他園との交流が生まれました。（原山）

いろいろな実であそんでみよう

4~5歳児 ボダイジュ、カエデのパラシュート

変わった形をしているボダイジュやカエデの実や種を拾い、回転しながら落ちる様を楽しみましょう。

●ボダイジュの実で
①苞に付いているボダイジュの実を拾ったら、1つだけ残して実を切り取る。実の数を減らすと、落ち方がゆっくりになる。
②高い所から落とすと、回転しながら落ちていく。

苞
実
1つだけ残す

●カエデの種で
①カエデの種を図のように切り取る。
②高い所から落とすと、回転しながら落ちていく。

ここで切る

学びへのつながり

ボダイジュの実やカエデの種。これまで散歩や園外保育で見かけることがあった方も多いでしょう。でも、こうして実の名前を知って、こんなふうにあそべると知ると、親しみをもつものです。なんでこんなふうに回転するのかと興味をもつ子もいるでしょう。ほかの種子と何が違うのか、実験してもよいでしょう。あるいは、ボダイジュやカエデの木にも関心が芽生えるかもしれません。

さらにもう一歩

植物は動かないと考えがちですが、植物は種を動かすことで積極的に動いていると考えることができます。風によって飛んで移動するもの、昆虫や動物に食べられたり運ばれたりして移動するもの、水に流されて移動するもの、はじけたり落ちたりして移動するものなどがあります。これは植物がスゴイというだけでなく、この地球がどれだけ豊かなのかを表しているといえます。そして、植物はその豊かな関係を積極的に生かして、やっぱり動いているのです！

(2~5歳児) オアシスに秋の木の実を埋め込んで

シャリンバイ、ネズミモチ、ピラカンサ、クロガネモチ、ナンテンなどの木の実をオアシス（生け花に使う吸水スポンジ）に埋め込んでみましょう。いろいろな模様を作って楽しめると同時に、オアシスに埋め込むときの感触も味わえます。

生け花で使うオアシスに、木の実を埋め込む。

実践園の保育者より

●園庭のカキの実が色づくと、食べたい子どもたちがカキの木に登ります。カキの木は折れやすいので登るのにセンスがいりますが、食べたい気持ちが先に立って、自然と木登りのセンスを体得しています。（原山）

(2~5歳児) ラズベリー、ブルーベリーの色水スタンプ

ブルーベリーの実は6月、ラズベリーの実は8～11月が収穫期です。収穫期からずれて、いたんだ実をつぶしてあそびに使ってみましょう。色水を指先につけて絵をかいたり、スタンプ代わりにしたりしても楽しめます。

すり鉢でつぶして

指でスタンプ

ブルーベリーやラズベリーの色水は、とても鮮やかな色。

学びへのつながり

子どもの植物との親しみ方の代表的なあそびの一つが色水あそびです。いろいろな素材できれいな色水ができることを実感したり、さまざまなもので試したりしてみることは探求心や知的好奇心にもつながります。また、ブルーベリーやラズベリーなどはジャムの素材としても知られています。ジャム作りをする園もあるかもしれません。それはかなわなくても、あそびの中で匂いのよさを実感しながら、ジャムを想像してあそぶ姿なども見られるでしょう。

秋の自然

実

(4~5歳児) ジュズダマの首飾り

水辺に多く生息するジュズダマの実で、腕輪や首飾りを作りましょう。

①熟したジュズダマの実をとり、花の部分を取り除く。
②針を使い、実の中に糸を通してつなげていく。
※針の取り扱いには、十分注意をしましょう。
※糸はセロハンテープなどで留め、すぐ外れるようにします。

① 花は取り去る

② 糸を通してつなぐ

さらにもう一歩

2018年に種子法が廃止され、2020年に種苗法が改正されましたが、多くの議論を呼び起こし、いまだその議論は続いています。その議論の一つに「種子は誰のものか」というものがあります。これからの時代を生きる人は、そのような議論に参加し、考えてゆく人でもあります。幼いころから、丁寧に「種から育ってまた種まで」という原理原則に親しむことは、これまで以上に大切だといえます。種の不思議や神秘にたくさん出合える機会を、園で作れるといいですね。

(4~5歳児) ツバキ油作り 豆知識→P.136

秋になると、夏の間にみのったツバキの実が割れて、黒い種が見えるようになってきます。その種をつぶし、油を取り出してみましょう。

①ペンチや金づちを使って、10~20粒の種にひびを入れる。
②①の種の皮を取り、中身を広口の瓶に入れ、割り箸でよくつぶす。
③②を手ぬぐいなどに包んで絞る。
④じわっと油が出てくるので、はさみなどに塗ると切れ味がよくなる。
※金づちやはさみなどを使うときは、保育者の見守りのもと、危険がないように行います。

① ② ③ ④

実践園の保育者より

●園の近くにムクロジの木があります。ムクロジの実の皮を水につけてこすると、石けんのように泡立ち、子どもたちは靴を洗うなど、洗濯あそびをしています。あそんだ後の種は、羽根突きの羽根の頭の部分にするなど、自然の不思議やおもしろさを感じられる木の実です。(田中)
●子どもたちが集めてきた木の実を種類ごとに容器に入れ、いつでも使えるようにしておきます。枝にグルーガンで付けてオブジェ作りなどを楽しんでいます。(村田)

（4～5歳児）カリン茶を作ろう

カリンで作るお茶は、のどによいといわれています。甘酸っぱいカリン茶を作って飲んでみましょう。保育者が作るところを見るだけでも、ワクワクします。

①実をきれいに洗い、3mmくらいの厚さにスライスする。
②種をきれいに取り除き、1枚1枚が重ならないようにざるなどに並べ、1週間ほどカビが生えないように風通しのよい所で陰干しする。
③②のスライスを1枚カップに入れてお湯を注ぎ、ハチミツをスプーン1杯加えて出来上がり。

※ハチミツの使用は、2歳以上から。
※やけどに注意して行いましょう。

① 3mmくらいにスライス
② 風通しのよい所で陰干し
いい匂い

（3～5歳児）自然物を使ったリース

まつぼっくりやどんぐり、ドライフラワーなど、秋の自然物を使って、リースを作りましょう。

①土台となる段ボール板を輪っかに切る。
②①に木工用接着剤を塗って紙粘土を薄くはり付ける。
③紙粘土の上に木工用接着剤でまつぼっくり、ドライフラワー、木の実などをはり付けて飾る。

学びへのつながり

　自然物を使ったリースはクリスマスリースとして、キリスト教の園でなくてもクリスマスを楽しみに待つための飾りに使えます。段ボール板で切ったものを土台にしておけば、小さな年齢の子どもでも手軽に作りやすいですね。5歳児クラスなどは、つるなどを使って自然物のみで土台を作ることで、じっくり集中して作る経験につながります。

段ボール板にひもを巻いて、その上にトウガラシなどをはり付けた子どもの作品。

① 段ボール板
② 紙粘土　接着剤
どんぐりやまつぼっくり　ドライフラワー

絵本とつなぐ②
—— 図鑑・科学絵本・物語絵本

大豆生田啓友
先生

　子どもの生き物や植物などへの興味が高まってきたときに、図鑑や絵本はとても役立ちます。園によって、図鑑が多い場合、科学絵本が多い場合、物語絵本が多い場合など、さまざまでしょう。それぞれに違った特徴と魅力があるので、ぜひ、それらを上手に使ってみることをお勧めします。

　図鑑は、まさに植物や昆虫などの様子がリアルにえがかれています。また、それが種類ごとに分類されているので、その名前を調べたり、分類や仲間を調べるのにとても役に立ちます。

　先日、ある園で、子どもが実際のセミを図鑑に当てて、大きさや色、特徴を比べている姿を見ましたが、まさにそのようなよさがあるのです。場合によってはあまり小さな子向けではなく、少し本格的な図鑑のほうが詳しく載っていて、子どものニーズに合う場合もあるので、そのような視点も踏まえて選べるとよいかもしれません。

　また、科学絵本もとても優れています。ザリガニやテントウムシ、たんぽぽなど、その生き物や植物に特化して、生態や特徴を子どもの生活と合わせて説明されているものが多く、とても役に立ちます。写真でリアルに映し出されているものも多いです。月刊の科学絵本などでも、その時季に合った生き物などが取り上げられるので、バックナンバーなども取っておくと、とても役に立ちます。特に、その生き物の魅力や生涯などにもふれられており、関心が深まって、もっと知りたいという思いに駆られるのです。

　図鑑や科学絵本は子どもの科学的な好奇心を触発しますが、生き物が出てくる物語絵本も活用したいですね。例えば、名作『おたまじゃくしの101ちゃん』（加古里子／作・絵　偕成社）という絵本があります。迷子になったおたまじゃくしの101ちゃんが危険な目に合っていくお話です。読んでいくと、自分の姿と重ね合わせ、きょうだいのことや母親のことなどを語る子もいます。そうした中で、おたまじゃくしに感情移入したりもするのです。だから、おたまじゃくしのことが他人ごとではなくなり、いとおしさをもつようになるのです。まさに、生き物への関心は科学的好奇心に加え、物語へのファンタジー（想像）を通して、生き物へ感情移入していく世界をも大事にしていくことが大切だと考えます。

写真／伊野田幼稚園（沖縄県）

秋の栽培と飼育

秋は実りの季節といわれますが、この時季に植える植物もいろいろあります。子どもたちも成長してきたこのころにする栽培は、春の栽培と取り組みもひと味違うことでしょう。また、この季節ならではの生き物にふれるチャンスでもあります。秋ならではの子どもたちの発見や驚きに寄り添いましょう。

（3〜5歳児）ダイコン・ニンジンの栽培

秋に植えて春に収穫するカブ、ダイコン、ニンジンを栽培してみましょう。

① プランターに約10cm間隔、約1cmの深さで種を植える。

② 芽が出るまでは毎日、種が流れないように優しく、土の表面がしっかりとぬれるくらいの水をやる。

③ 双葉が5cmくらいまで育ったら、50粒くらいの化成肥料（小粒のもの）をプランター全体にまく。肥料は、その後も3週間に一度くらいの間隔でまく。カブやダイコンは、アオムシが葉っぱを食べてしまうことが多いので、気をつけて見ていよう。

④ 2月中旬〜3月ころに収穫できる。収穫せずにそのまま5月ころまで生長させておくと、花を見ることができる。

※種類によって、収穫時期が異なるので、種の袋に書いてある収穫時期を確認しておく。

ちょっとしたスペースでも、プランターで野菜栽培が楽しめる。

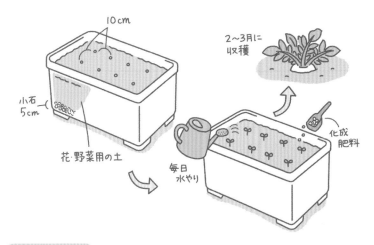

学びへのつながり

園での野菜栽培は春まきなどが一般的ですが、秋まきの野菜も魅力的。年度の後半の時期だからこそ、子どもの発達上、チャレンジしやすいこともあります。プランターだけではなく、紙パックなどで個々に作ることも可能です。プランターの場合はグループで協力して、紙パックの場合は一人一人自分のものとして育てるなど、その年齢や目的によって、育てる容器を変えてみるとよさそうです。

実践園の保育者より

● 園舎の建て替えで畑が使えなかったとき、子どもたちと相談して、ペットボトルでダイコンの栽培をして、おでん作りを楽しみました。透明なペットボトルで栽培すると、土の中に草が生えたりして、子どもたちには新たな発見でした。（上田）

（4〜5歳児）焼き芋をしよう

　春に植えたサツマイモを収穫して焼き芋にして、みんなで楽しみましょう。

①落ち葉や枯れ枝をたくさん集める。1m四方の段ボール箱3つ分くらい集めるとよい。ぬれている葉っぱは、数日干して乾かしておく。

②枝を地面の上に広げて置く。2、3か所に新聞紙を丸めて入れる。

③サツマイモをアルミはくで包む（大きいイモは、ほどよい大きさに切っておく）。

④広げた枝の上に③のイモを置き、そのイモが隠れるように落ち葉をかぶせて、丸めた新聞紙に火を付ける。火の周囲には3mくらいの円をかき、子どもたちに円の内側には近づかないよう伝えておく。

⑤葉っぱが燃えてきたら枝や葉っぱを足しながら、20〜30分しっかり焼く。

※火の扱いには十分注意しましょう。
※地域の状況に応じて、消防署への事前相談や近隣への配慮も必要です。

① ←枝と葉は別々にしておく
② 新聞紙
③ アルミはく
④ 落ち葉をかぶせる　3mくらい　線を引く　水
⑤ 20〜30分しっかり焼く

おいしいね　ホクホクしてるー

学びへのつながり

　サツマイモを新聞紙やアルミはくなどに包むのは、子どもと準備するとよいですね。準備をすることでワクワク感が高まります。また、火をたきながら、その周囲でおしゃべりをしながら待つ時間があることも大切です。現代の子どもは火にかかわる経験が少ないので、よい機会となります。日常的にたき火をすることができる園では、イベントとしてではなく、たき火の一環としてできるのもよいですね。

実践園の保育者より

●秋は、飼育しているエンマコオロギなどが、午睡の時間に保育室を暗くすると鳴き出します。それを子守歌にして子どもたちは眠りにつきます。秋の情緒を体感できる時間です。（田中）

●栽培が終わったプランターの土をひっくり返すと、たくさんのミミズが。そこからミミズに興味をもって絵本なども読んだ子どもたちは、春になると散歩のときにミミズ探しをするようになりました。（村田）

（3〜5歳児）スズムシの飼育

　秋の風物詩・スズムシは、草むらに小さな穴を掘って住処にしています。羽をすり合わせて鳴く様は、実に不思議な世界を味わせてくれます。

①観察ケースに市販のスズムシマット（スズムシ用の土）を厚さ5cmくらいに敷き、できれば草むらの草を植える（根ごと）。

②草や土の表面が乾くと、スズムシが弱るので、1日に数回、表面に霧吹きで水をかける。自然の温度で、数か月元気に過ごす。夜などは、外や縁側に出すのもよい。えさは、カツオ節や市販のスズムシのエサなど動物性のものと、ナスやキュウリなどの植物性のものも与える。

スズムシマット
約5cm

観察ケース

草

さらにもう一歩

　鳴く虫の鳴き声は、仲間とのコミュニケーションです。種類ごとに、出す音の高さやパターンが決まっていて、別の種と混ざって間違えることはないと考えられています。虫によっては鳴き声が、ヒトの耳に聞こえる音域よりも高い音域で鳴いているため、わたしたちには聞こえていないものもあります。このことは、わたしたちヒトが感じている世界がすべてでないことを表しています。音も色も匂いも、地球はわたしたちが感じているより、はるかに豊かな環境なのです！

（4〜5歳児）ゾウムシの飼育

　クヌギのどんぐりの中には、ゾウムシ（通称ドングリムシ）という虫がいることがあります。どんぐりの中から出てくるゾウムシの幼虫を育ててみましょう。

①クヌギのどんぐりをたくさん集め、クヌギの根元にある土と落ち葉と一緒に飼育ケースに入れる。霧吹きなどで、少し湿らせる。

②どんぐりからゾウムシの幼虫が出てきたら、逃げないように目の細かいガーゼでふたをする。

③幼虫は冬にさなぎになり、春には成虫になる。口先がゾウの鼻のように長いので、「ゾウムシ」と呼ばれる。

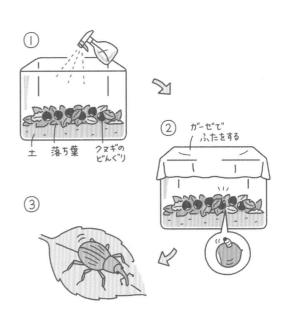

①

土　落ち葉　クヌギのどんぐり

②　ガーゼでふたをする

③

大切にしたいな、内側からの視点

小西貴士
先生

　花のような雪の結晶の形、ヒマワリの種が幾何学的に並んでいる様子、ダンゴムシの足運び……。自然を観察していると、不思議な形や、美しい模様、複雑な動きに心を奪われます。そして、「なぜだろう？」とか、「不思議だな」と思います。幼いころに身の回りのいろいろなものやことに対して、「なぜだろう？　不思議だな」と思うことは、科学の芽生えだといわれます。ヒトの歴史をたどると、わたしたちの先祖が「なぜだろう？」と思い考えたことから発展して、科学技術に頼る現在の文明が作られてきたことがわかります。ですから、「なぜだろう？　不思議だな」と思うことは大切なのです。幼いころから自然と親しむことの大切さが、科学技術が進歩した現代でも色あせないのはそういうことです。そして、それと同じくらいに大切なことがあります。それは、自然を観察して「なぜだろう？　不思議だな」と思うことが「外側からの視点」だとすれば、「内側からの視点」というようなものです。幼い人が「毛虫が暑いって言ってる」とか、「この葉っぱが寂しそう」などと言うことがありますよね。それが「内側からの視点」です。それは毛虫や葉っぱになりきったように感じて世界を見ているということです。ほかの生命とのつながりを実感している感覚といってもいいでしょう。

　「なぜだろう？　不思議だな」を追求していくことで、ヒトは原子レベルの世界を理解し、核分裂反応や核融合反応を扱うようになりました。それを応用し、核兵器を開発し、実験し、配備し、使うようになりました。本来、「なぜだろう？　不思議だな」という純粋な思いで、ヒトや生命や地球ってなんだろうと考える手段だったはずの科学が、いつの間にかヒトや生命や地球を脅かすことになっています。「外側からの視点」がアクセルペダルだとすれば、「内側からの視点」はブレーキペダルです。わたしたちはアクセルとブレーキがセットとなる社会を作っていく必要に迫られています。そのためには、「なぜだろう？　不思議だな、調べてみよう」だけでなく、「毛虫さん暑そうだね、葉っぱくん寂しそうだね」という共感や、そこから生まれてくるアート（表現）を大切にすることも、教育には求められているといえるのです。

写真／小西貴士

第 4 章

冬の自然

葉の落ちた木にも、次の春への準備がしっかりできています。
自然事象に目を向けると同時に、
冬になる実や木の枝などをあそびに取り入れていきましょう。

冬の葉っぱや木

冬に葉っぱがすべて落ちている木と、青々と茂っている木があります。子どもたちがそれに気づける言葉かけをしてみましょう。ほかの季節との違いをいろいろ見つけることで、自然の変化に子どもたちの関心が向くとよいですね。

いろいろな葉っぱ

(0〜5歳児) 葉っぱはどうなっている？

冬には、葉っぱが落ちてしまう落葉樹と、冬でも青々と茂っている針葉樹の違いがはっきりします。いろいろな木を観察することで、季節の移り変わりを改めて感じることができます。年齢の低い子どもなら、葉っぱが落ちてしまう木と落ちない木があることに気づけるような言葉かけをすることで、季節の変化を知るきっかけになるでしょう。年齢の高い子どもなら、図鑑などで落葉樹と針葉樹の違いを知ることで、さまざまな植物の特性や、季節による事象の変化など、興味・関心が多彩に広がっていくきっかけになります。

木の種類によって、木肌の感触もさまざま。

(0〜5歳児) 葉っぱや茎をこすり合わせてみよう 豆知識→P.133

表面がざらざらしている植物をこすり合わせて音を出してみましょう。低年齢児には保育者がやってみせましょう。

学びへのつながり

冬は、葉っぱが枯れたり、木の枝だけになったりする時季です。だからこそ、枯葉や木の枝、落ち葉などに興味をもたせたいものです。落ち葉でたくさんあそぶ経験や、冬でも緑の葉をつけている葉っぱであそぶ経験などを、意識的に投げかけてみることも一つでしょう。栽培などを行っている園では、落ち葉を集めて肥料を作ることも、生態系を実感するよい機会になるでしょう。

クヌギの葉で

トクサの茎で

(4~5歳児) ツバキのぞうり 豆知識→P.136

しっかりとしたツバキの葉っぱで、かわいいぞうりを
作ってみましょう。

①つめで図のように切り込みを入れる。
②きりなどで葉先の近くに穴を開け、切り込んだ部分を
持ち上げて穴に差し込めば、ぞうりの出来上がり。

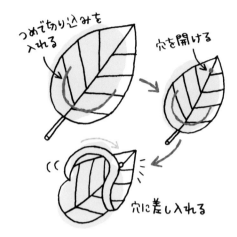

(3~5歳児) ヒイラギの風車 豆知識→P.136

ヒイラギの葉をくるくる回してあそんでみ
ましょう。
　ヒイラギの葉を図のように挟んで持ち、息
を吹きかけて回転させましょう。風の強いと
ころにかざすと、自然に回ります。
※葉のギザギザに気をつけながら行いましょう。

(3~5歳児) ヒイラギの魔除け

　昔からとげのある植物や先端がとがった葉を持
つ植物は、邪気を追い払うといわれています。また、
イワシは、鬼にとって「目が怖い」「匂いが苦手」
なものといわれています。「とげのある植物やイ
ワシは、鬼が嫌がるといわれている」ということ
を子どもたちに話し、部屋の戸口付近に飾ってみ
ましょう。

**さらに
もう一歩**

　冬は夏に比べて草が少なくなる季節です。でも、地面に這いつくばるようにして生きている草の姿を見つける
ことができます。その姿をロゼットとか、ロゼッタといいます。ロゼットとはもともとはバラの花の意味です。上
から見るとバラの花のような形に見えます。ナズナやセイヨウタンポポなど、春になったら花が咲くものがロゼッ
トで、冬をやり過ごしています。花が咲くまで定期的に観察をしていくと、親近感が増すかもしれませんね。

89

いろいろな葉っぱ

(2〜5歳児) 松葉と実の飾り

松を枝ごと切って花瓶などに入れ、葉先のとがったところにナンテンなど、きれいな木の実をさして付け、飾りを作ってみましょう。

ナンテンなどの木の実

松→

さらにもう一歩

寒くて乾燥した冬、葉っぱを落とす木もあれば、葉っぱを落とさないで緑色の葉をつけたままの木もあります。クロマツやアカマツの木は、緑色で針のような形の葉をつけたまま冬を越します。針のような形は、寒さや乾燥にふれる面積を減らしていると考えることができます。そして、葉っぱの表面のワックス状の艶はクチクラ層といい、中の水分が外へ逃げるのを防いでいるのです。厳しい冬を乗り越える松の葉っぱの工夫、すばらしいですね。

(2〜5歳児) 松葉相撲1

松葉を1人1つずつ持ち、交差させて引っ張り合います。ちぎれなかったほうが勝ちです。

交差させて引っ張る

松葉はこの状態で取る

(2〜5歳児) 松葉相撲2

束ねた松葉でとんとん相撲をしてみましょう。

① 松葉30本くらいを集めて束ねる。下を地面に付けてそろえたら、糸か輪ゴムで留める。上には、ツバキなどの硬い葉をさして、顔にする。

② もう1つ松葉の束を作り、①に糸か輪ゴムで図のように留め、手にする。

③ 箱で土俵を作り、その上に松葉の人形を置き、とんとん相撲をする。先に倒れたり、土俵から出たりしたほうが負けです。

ツバキの葉

松葉を糸などで留める

下をそろえる

十文字に留める

トントン

(3~5歳児) 春の七草

「せり」は、おなじみの野菜ですが、「なずな」は、ペンペングサの愛称でよくあそびにも使われる野草。「ごぎょう」は、ハハコグサという野草。「はこべら」は、ハコベという野草で菜っ葉替わりにお浸しにしたりもします。「ほとけのざ」は、春に畑などに桃色の愛らしい花が咲く野草「ホトケノザ」とは違い、コオニタビラコというキク科の野草です。「すずな」はカブのことで、「すずしろ」はダイコンのことです。

- ●せり（芹）・セリ（セリ科）
- ●なずな（薺）・ナズナ（アブラナ科）
- ●ごぎょう（御形）・ハハコグサ（キク科）
- ●はこべら（繁縷）・ハコベ（ナデシコ科）
- ●ほとけのざ（仏の座）・コオニタビラコ（キク科）
- ●すずな（菘）・カブ（アブラナ科）
- ●すずしろ（蘿蔔）・ダイコン（アブラナ科）

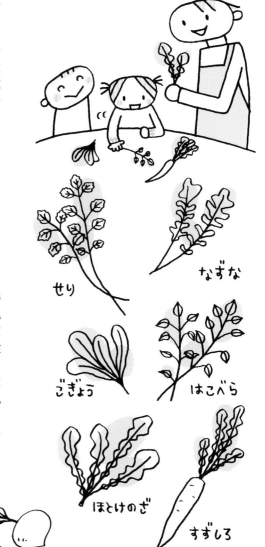

せり
なずな
ごぎょう
はこべら
ほとけのざ
すずしろ
すずな

1月7日にこの春の七草を用いたお粥を食する風習がありますが、これはもともと七草粥を食べることで邪気を払い、1年の無病息災や五穀豊穣を思って祈ることから始まりました。近年では、年末年始の暴飲暴食、ぜいたくな食事（おせち料理など）から胃を休める、この時季の野菜不足・ビタミン不足を補う意味で七草を食べる習慣になっています。由来からもわかるように、家族を思う心がこもった風習です。

子どもたちにこのような話をしながら、七草粥を食べることも、心に残る経験となるではないでしょうか。

学びへのつながり

日本には季節に応じた行事があることがとてもよいことですが、今は、家庭ではなかなか体験できない実態があります。だからこそ、園でそうした経験ができることが大切です。ぜひ、子どもたちに春の七草の話をしましょう。子どもととれる草が近隣にあれば、とりにいけるとよいですね。それを給食などで出してもらえるのであれば、なおよいです。

実践園の保育者より

- ●たき火をすると、葉っぱや木によって燃え方が違うことに気づいた子どもたち。また、竹から水が出てはぜるのを見て、「竹のいのちが壊れていく」とつぶやいた子も。植物のいのちを、そういうふうに感じているんだと、子どもの感性には驚かされます。（原山）
- ●1年中あるアジサイの葉っぱを丸め、それに松葉をさして、バーベキューごっこをするのが、子どもたちの楽しい冬のあそびの一つになっています。（田中）

木であそぼう

2~5歳児 冬芽を探そう！ 豆知識→P.136

　寒い冬でも、樹木には春を待つ冬芽が出ています。園庭や散歩先でいろいろな樹木を観察し、冬芽を探してみましょう。

学びへのつながり

　『ふゆめ がっしょうだん』（冨成忠夫・茂木透／写真　長新太／文　福音館書店）という有名な絵本があります。そのような絵本を読んだりすれば、きっと子どもたちの冬芽への興味が高まることでしょう。子どもたちと冬芽を探しに園外に散歩に出かけてもよいですね。場合によって、カメラを持参して写真を撮り、自分たちが見つけた冬芽を保育室にはり出せば、さらに関心は高まるでしょう。

めしべ

硬い皮の中には花の中身が。

おしべ

ツバキの断面

モクレン

細かい毛で覆われている。

アオギリ

硬い毛で覆われている。

トチノキ

ねばねばした液に包まれている。

さらにもう一歩

　冬の寒さと乾燥から、そして鳥や動物から、大切な芽を保護するために、冬芽にはいろいろな工夫がしてあります。毛布のような細かな毛で覆われたもの、よろいのようなうろこ状の皮で覆われたもの、ベトベトの液で覆われたもの……。どの工夫も、よくもまあ、と思わずため息が出るくらいすばらしいものです。あなたが見つけた冬芽は、どのような工夫をしていましたか？

(2~5 歳児) 枝で絵作り

小さな子どもたちは枝を集めるのも大好き。集めた枝であそびましょう。

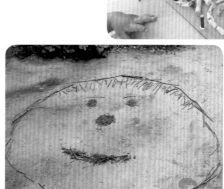

●段ボール板に
段ボール板などに木工用接着剤で枝をはって、絵を作ってみましょう。

●地面に
拾ってきた小枝を使い、園庭などの地面に木の枝などで絵を作ってみましょう。水をまいてから小枝を並べると、絵がはっきりと浮き出します。

(0~5 歳児) 木をたたいてみよう

いろいろな木の枝や幹を、手でたたいてみましょう。ざらざらした木肌、サルスベリのようなつるつるした木肌の木など、触感も音も違います。

(0~5 歳児) 枯れ枝でたたいてみよう

丸太などを枯れ枝でたたいてみましょう。たたく枝、たたく対象物などによって音色が変わることを楽しみましょう。

低年齢の子どもたちは、手作りのたいこやティッシュペーパーの箱などをたたいてあそんでも楽しい。

木であそぼう

3~5歳児 木の枝迷路

　短く切った木の枝を段ボール板や木の板などにはり付けて迷路を作ります。その板を動かして、迷路の中をゴールまで木の実を転がしてみましょう。

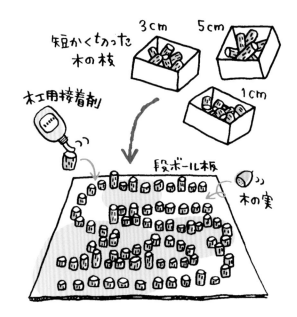

学びへのつながり

　木の枝を使った経験って、どのようなことができるでしょう。ここに紹介されているような、迷路作りや染め木などもよいですね。もし、たき火や火を使う経験が可能であれば、木の枝を集めて燃料にする経験もよいかもしれません。木の枝がエネルギーになるという経験をできることが、今の子どもたちには特に大切です。

3~5歳児 染め木作り

　枝に色水を染み込ませ、カラフルな染め木を作ってみましょう。

①いろいろな種類の樹木（太さ1~1.5cm）を、枝の根元から切っておく。
②①の枝を、インクを溶かした色水に枝の根元が浸かるように入れ、1日置いておく。
　枝の中を色水が通り、きれいな色に染まる。
③染まった枝を、よく切れるせん定ばさみで輪切りにすると、染め木の出来上がり。
※枝を切るのは、危ないので大人がしましょう。

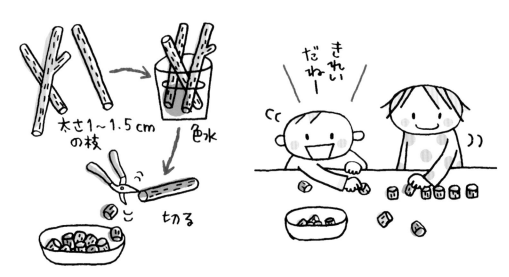

ここからはじめよう、定点観察のススメ！

小西貴士
先生

　自然は常に変化しています。そのことに気づくには同じ場所から観察して比べることが大切です。それを定点観察といいます。定点観察に適しているのは主に植物です。それは大きく動かないからです。１本の木の春夏秋冬での変化、つぼみが膨らんで花が咲くまでの変化、芽吹きから本葉が展開するまでの変化、晴れの日と雨の日の花の変化など、大きなものから小さなものまで観察の対象を探してみましょう。いつものお散歩コースで見かける果樹が変化してゆく様子を、毎回みんなで観察することも立派な定点観察です。写真を撮ってアルバムを作り、その変化を子どもたちが自分でさかのぼって感じられるのもオススメです。また、毎回同じ所から同じものを観察しているうちに、不思議と愛着がわいてきます。ただ見るだけでなく、その木に名前をつけたり、大雨が続いてお散歩に行けないときにその木のことを心配してみたり、親しみをもってかかわることで木との関係性が豊かになってゆくといいですね。

　そんなわけで、「わたしは虫が苦手だから自然関係のことはちょっと……」という保育者にとっても、この定点観察はオススメなのです！　はじめはちょっと……と思っていたのに、毎日会っているうちにいつの間にか好きになっていたという感じが、この定点観察の一番のメリットなのではないかと、わたしは考えています。

　一つ身近で手軽にできそうな定点観察を紹介します。子どもたちとは分かち合いにくいかもしれませんが、昼と夜での変化の定点観察です。昼間にシロツメクサ（クローバー）の葉っぱのこのあたりというところに目印の旗をさしておいて、しっかりと暗くなってから見に行ってみてください。葉っぱの様子が変化していることに気づくはずです。一つの定点観察で養った感覚は、どんどん広がってゆくことが楽しいものです。まずは、「わたし」が大いに心を動かして楽しんでみてください。

写真／小西貴士

冬の実と花

ほかの季節ほど多くはありませんが、ツバキやサザンカなど、冬に咲く花もあります。周りに色が少なくなる季節だけに、冬の花はひときわ目立ちます。どんな花がどこにあるか、探してみるのも、お散歩のときの楽しみの一つになるでしょう。また、園庭や公園で木の実や種を見つけるのも楽しい時間です。さらに、ふだん何気なく食べている果物の実や皮をあそびに使うことで、驚きや発見もあるでしょう。

冬の実のいろいろ

（2〜5歳児）ナンテンの花軸を紙粘土に立てて 豆知識→P.137

ナンテンの実は、花軸ごととると、まるでミニチュアの木のような形をしています。紙粘土などに立てて造形するのも楽しいでしょう。

紙粘土

ナンテン

（1〜5歳児）ナンテンの雪ウサギ

雪が降ったら、赤い実を使って雪ウサギを作ってみましょう。冬には、ナンテン、アオキ、センリョウ、マンリョウ、ピラカンサ、ツルウメモドキなど、赤い実のなる植物がたくさんあります。

ナンテン

実　葉　雪

雪でウサギの形を作り、赤い実で目、葉っぱで耳を付けたら出来上がり。

3~5歳児　ヒサカキの色水

ヒサカキの黒い実は、つぶすと紺色のきれいな色水がとれます。色水あそびや描画を楽しみましょう。

学びへのつながり

この寒い時季は、外でのままごとあそびに使う色鮮やかな自然物が少なくなりがちです。そうした中で、この時季の色のついた実や花はとても貴重です。場合によっては、園外に探しに行ってもよいですね。ナンテンやヒサカキの実はとても貴重なもの。ぜひ、探してみたいものです。雪が降った場合など、そこに飾ると、色が鮮やかで美しいですね。

ヒサカキの実を、割り箸でつぶす。

きれいな紺色の色水ができる。

4~5歳児　ネズミモチの飛ばしっこ 豆知識→P.137

公園などでよく見かけるネズミモチ、トウネズミモチの実は、黒く熟すと端っこをつまむだけで中の種が飛び出します。友達とどこまで飛ぶか挑戦したり、的を作って当ててみたりするのも楽しいでしょう。

3~5歳児　木の実のろうそく立て

いろいろな木の実を使い、オリジナルのろうそく立てを作りましょう。

①台にする段ボール板を、好きな形に切る。
②①の段ボール板に木工用接着剤を塗り、その上に紙粘土を1cmくらいの厚さにはっていく。
③木の実を木工用接着剤で紙粘土にはっていけば、ろうそく立ての出来上がり。
※火の扱いについては、子どもたちとよく話し合っておきましょう。

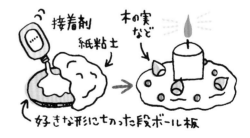

接着剤　木の実など　紙粘土　好きな形に切った段ボール板

さらにもう一歩

よく「み（実）」といっているもの、「果実」ともいうもの、その役割や働きはなんでしょう？
①種の回りを覆って守ること
②種をその中で育てたり、まだ発芽しないように調整すること
③鳥や動物を引きつけて食べてもらったり、くっついたり、風に運んでもらいやすくして種を散布すること。
　大きくこの3つに整理することができます。わたしたちが食べたり、あそんだりする「実」には、植物がいのちをつなぐために、とても大切な役割や、よくできた働きがあるのですね。

冬の実のいろいろ

(3~5歳児) ひっつきむしの的当て

ひっつきむしで、ダーツをしてみましょう。

① フェルトなど、くっつきやすい生地で的を作る。
② ひっつきむしを的に投げ、ダーツをする。

※あそび終えた実は取っておき、3月ころに植えると芽が出てくる。

学びへのつながり

オナモミなどのひっつきむし。大人にとっては、子どものころ、あそんだ記憶があるでしょう。でも、今はなかなか見なくなりました。ひっつきむしに親しむことで、5歳児などは、種がほかの動物にくっついて生存していくことに、興味をもって知ることにもつながるかもしれません。地域などによる違いはありますが、近隣にあれば、園外に探しに行くのもよいでしょう。

ひっつきむしで、的当てゲームをする子どもたち。

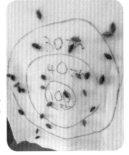

だれが何点取れたか、競うのも楽しい。

(2~5歳児) ひっつきむしのはり絵

ガーゼなどのひっつきむしが引っ付きやすい生地を用意し、オナモミ、アメリカセンダングサ、イノコヅチなどのひっつきむしを思い思いに付けて、はり絵を楽しんでみよう。

不織布にひっつきむしを付ければ、はり絵の出来上がり。

オナモミ

アメリカセンダングサ

イノコヅチ

ひっつきむしのいろいろ

晩秋から冬にかけて草むらを歩くと靴下やスカート、ズボンにひっつきむし（植物の種）がくっつくことがあります。植物の種は、風に飛ばされるもの、川に流れるもの、弾き飛ぶもの、鳥に食べられて運ばれるものなどと自分の生えているところから少しでも離れたところに種を移動させて子孫を繁栄させます。ひっつきむしと称される種は、かぎ状のとげを持っていて動物・人間などにくっついて種を移動させます。冬のひっつきむしでは、イノコヅチ、センダングサ、アメリカセンダングサ、オナモミ、ヌスビトハギなどがよく見られます。

ぜひとも冬の植物あそびとして、ひっつきむしを探してあそんでみましょう。

※ちなみに春にもひっつきむしと呼ばれるものがあり、ヤエムグラ、ヤブジラミなども野原に繁茂しているので探してみましょう。

果汁の不思議

（3〜5歳児） あぶり出し

絵が浮かび上がってくる瞬間の驚きを、子どもたちと味わってみましょう。

① ミカンやレモン、リンゴの果汁を、コップなどの器にしぼって入れる。

② この果汁で、紙に自由に絵をかく（塗りつぶすより線画のほうが、きれいに絵があぶり出される）。

③ 3〜5時間ほど乾かして（自然乾燥）から、ろうそくやコンロの弱火で、かいた面の裏側をあぶる。果汁の酸が何も塗っていない面より速く着火・焦げるので、絵が現れる。

※あまり火に紙を近づけすぎると紙全体が燃えてしまうので、注意。火を使うところは、必ず保育者がする。なお、子どもたちだけでの「あぶり出し」は危険なので、「家でするときもおうちの人と一緒にすること」と子どもたちに伝え、家庭にも伝えておく。

ミカンなど

果汁

ろうそくの炎であぶると……。

果汁でかいた絵が浮かび上がる。

実践園の保育者より

●散歩から帰園したとき、冷たくなった手足をミカンの皮を入れたお湯で温めます。よい香りとともに季節を体感しています。子どもたちは、自分たちの食べたミカンの皮でミカン湯を楽しめることがうれしくて、給食に出たミカンの皮を集め、日に当てて乾燥させています。（村田）

果汁の不思議

(3~5歳児) 水につけて

水に浸しても、絵が浮かび上がってきます。不思議を体験し、いろいろな果実で試してみましょう。

①あぶり出しと同様に、ミカンなどの果汁で絵をかき、乾いたら水につけてみる。
②果汁の中の酸や油分の作用で、絵が浮かび上がってくる。

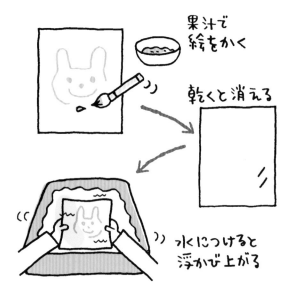

果汁で絵をかく

乾くと消える

水につけると浮かび上がる

実践園の保育者より

●園では、基本的に園庭に植えたものを生で食べることはありませんが、あそびには使います。柑橘系の香りを楽しんだり、つぶしてあそんだりできるので、ミカンより数が多くなるキンカンを植えています。(田中)

(3~5歳児) レモン汁の不思議

レモン汁を使って、10円玉をピカピカにしてみましょう。

①皿に入れた汚れた10円玉に塩をかける。
②①にレモンをしぼって汁を垂らし、しばらく置く。
③10円玉を布でふくと、レモンと塩のイオン化で表面が微妙に溶け、ピカピカになる。

学びへのつながり

子どもたちは不思議なことが大好きです。「なぜ?」と好奇心をもちます。この「なぜ?」という好奇心が、保育の中でたくさんあることが大切です。レモン汁での変化には、とても興味をもつと思います。ただ、ここからが大切です。子どもたちの好奇心から、それを調べてみたいという探求心や試行錯誤にどうつなげていけるかが保育者の腕の見せどころです。

塩

レモン

ピカピカ!!

実の皮を使って

(2~5歳児) 消えるマジック

ミカンやレモンの皮をしぼったときに出てくる汁には、油分が含まれています。それは「オレンジオイル」、または「リモネン」と呼ばれています。オレンジオイルを使ってあそびましょう。プラスチック製の板などに油性ペンで絵をかき、オレンジやレモンの皮でその絵をこすると、きれいに消えてしまいます。

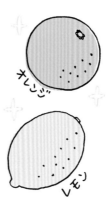

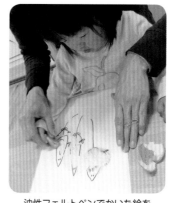

油性フェルトペンでかいた絵を、ミカンの皮でこすると、まるで消しゴムのよう。

(2~5歳児) くっつくマジック

発泡スチロールのトレイを好きな形に切り、切ったものにオレンジオイルをかけ、ほかの発泡スチロールを合わせると、発泡スチロール同士がくっつきます。いろいろな形に組み合わせて、工作してみましょう。

(2~5歳児) オレンジの火花

ろうそくの炎にオレンジオイルを飛ばしてかけると、油分に火が付いてきれいな火花が出ます。
※決して子どもたちだけで行わないように気を付けましょう。

皮の汁をかけると、火花が！

学びへのつながり

オレンジオイルやリモネンに、子どもは歓声を挙げて驚くでしょう。この驚く経験がとても大切です。驚きや問いが、学びを生み出すからです。ここから、いろいろなもので実験をやってみたいという気持ちが生まれていくことを、保育に生かしたいものです。子どもたちがさまざまなもので試せるように素材を探し、保育者も一緒に探求してみましょう。

冬の花

(3~5歳児) クリスマスの植物を育ててみよう

　クリスマスには、ポインセチアやシクラメン、クリスマス・カクタス（シャコバサボテン）、クリスマス・ローズ（ヘレボルス・ニゲル）、セイヨウヒイラギなどを飾って華やかな雰囲気を演出します。

　これらクリスマスに用いられる植物は、外国から輸入されたものです。当然これらの植物は、日本のこの時季の気候に合ったものではありません。日本に合わせた品種改良などによって気候・環境にできるだけ馴染めるようにして我々の手元に届いています。しかし、クリスマスの植物は日本の冬の寒さに耐えられないものや乾燥に弱いものが多く、「すぐに枯れてしまった」などの声も聞かれます。ぜひ、水のやり方、置き場所などのことを園芸店によく聞いて、子どもたちと大事に育て、楽しみながら観察してみましょう。

クリスマスにちなんだ葉を並べて。

(3~5歳児) サザンカとツバキ

　童謡「たきび」の一節に出てくるサザンカ。冬に入るとよくうたわれる歌ですが、「サザンカってどんな花かな？」などと楽しく話を展開させていきましょう。

　サザンカとツバキの区別が難しいという人も多いので、見分け方の一例をご紹介します。「これサザンカ？　ツバキ？」と、子どもたちと一緒に観察すると楽しいでしょう。

	サザンカ	ツバキ
花びら	花びらが1枚1枚落ちる。	花ごとぼとりと落ちる。
花の咲く時季	12～3月ころ。	2～5月ころ。
色水	赤い花びらからは、きれいな色水がとれる。	茶色く変色する。
咲き方	平たく全開する。	カップ状に開く。
葉っぱ	折り曲げるとすぐに"パリ"っと割れる。若枝、葉柄、葉の主脈上に短毛がある。	丸く大きい。折れにくい。
実	中に種が一つ。実に毛が生えている。	中に種が数個入っている。実に毛が生えていない。

オレンジオイルの活用
（SDGsの視点から）

出原 大
先生

　ミカンの皮をむいた際に、ベタベタとした汁が手につくことがあると思います。これはミカンなど柑橘類の果皮に含まれる揮発性の油で、オレンジオイルと呼ばれるものです。

　このオイルが目に入り一瞬痛みを感じたり、皮をつまんで汁を飛ばしたりした経験をおもちの方もいるでしょう。オレンジオイルの主成分は「リモネン」と呼ばれるもので、文字通り油です。だから、燃えやすく、101ページで紹介したように、ろうそくの火に向かってミカンの皮をつまみ、オレンジオイルを飛ばすと火花が散ります（扱いには気をつけてください）。

　そして、オレンジオイル「リモネン」は、油を溶かす力ももっています。だから、ミカンの皮でこすると、油性ペンでかいた文字や絵が消えるのです。みなさんも試しに、アクリル板に油性ペンで絵をかいて、それをミカンなどの柑橘類の皮の表面でふいてみてください。オレンジオイルが、油性ペンでかいた絵を見事に消してくれます。近年では、環境に優しい成分として、オレンジオイル配合の食器用洗剤や、家具の汚れを取り除く商品にもなっているほどです。

　また、エコロジーとして、このオレンジオイルの効果を利用し、発泡スチロールを溶かす溶剤として活用もできます。かさばる発泡スチロールをオレンジオイルで溶かして体積を少なくする研究も進められています。古くから知られているオレンジオイルですが、天然素材を活用することで廃液や廃材の問題を解決する手段の一つとして、多様な活用法が期待され、注目されています。

冬の栽培と飼育

室内で、冬でも簡単に栽培できる植物があります。栽培して食べる経験をしたり、花を育てながら春を待つ気持ちを経験したりしてみましょう。また、ミノムシなどの生態を観察してみるのも、おもしろい体験になるでしょう。

(2~5歳児) カイワレダイコンの栽培

カイワレダイコンは、短期間で育ちます。室内で育てて観察してみましょう。

①キッチンペーパーを何枚かたたんで、皿の上に置く。

②キッチンペーパーがたっぷり水を吸うように、水を入れる。その上にぱらぱらとカイワレダイコンの種を置く。

③芽が出るまで、室内で日が差す所に置いておく。2～3日して芽が出たら、よく日の当たる所に置くと、葉がきれいな緑になる。キッチンペーパーの湿り気が少なくなってきたら、種や根が浸るくらいに水を足す。7～10日で収穫できる。

種　水　キッチンペーパー

学びへのつながり

カイワレダイコンの栽培は、手軽にでき、数日で発芽するため、小さな年齢の子でも興味を持続して育てることができます。「自分でできた」という成功体験が、大きな自信につながります。そして、大切に育てようといういのちへの親しみと、栽培の意欲にもつながります。苦手な子が食べてみようという意欲になることもあります。

(2~5歳児) カイワレダイコンを食べてみよう

よく水洗いをし、バターで炒めて食べるとおいしいです。さっと塩水でゆでてもOK。

※食べるときはよく洗うなど、衛生面に注意しましょう。

実践園の保育者より

●園で栽培した大豆を、子どもたちの前でガラス製の透明ななべで煮ます。ぐつぐつと煮える大豆がなべの中で踊る様子や、泡が出てくる様子を、子どもたちは興味深く見守っています。（原山）

2~5 歳児 ヒヤシンス・クロッカスの水栽培

室内で球根の水栽培を行い、生長過程を観察しましょう。

① きれいな花を咲かせるために、球根選びを大切にしましょう。

○ できるだけ重く、形もきれいで、しっかりしたものを選ぶ。

✕ 割れているもの、傷のあるもの、かびの生えているものは避ける。

② 水温が15℃くらいになる10月下旬~11月中旬に始める。水栽培用容器に水を入れ、球根を置く。このとき、球根が水につかってしまうと、球根が腐ってしまうので気を付ける。

③ 直射日光の当たらない窓辺に置き、根が容器の2/3に達するまで、黒い画用紙の筒で光りを遮断する。

④ 根が容器の2/3以上伸びてきたら画用紙を外し、水の量を減らす。子どもたちと毎日生長の様子を観察しよう。

⑤ 花が終わったら、球根は直植えか植木鉢に植えるかして、休眠させる。翌年は花が咲かないことが多いが、その次の年には、またきれいな花を咲かせる。

水は球根の底がちょっとつくぐらい

水栽培用容器

黒い画用紙で全体を覆う

のびてる!!

水の量を減らす

また来年!!

どこでも楽しめる、ヒヤシンスの水栽培。

子どもたちが楽しみにしていた花が咲いた。

学びへのつながり

水栽培は、自分たちでペットボトルの栽培容器を作ったり、黒い画用紙で真っ暗にするカバーを作ったりするので、自分ごととして意欲をもちやすい活動です。暗くしていないと育たないというのも、ワクワク感をもちやすいようです。ただ、少し長期なので、意欲を持続することの難しさもあります。子どもたちの関心をつなげながら、自分が手をかけたことが育ちにつながったという手ごたえにつながることが大切です。

(2~5歳児) シイタケを育ててみよう

シイタケは、手軽に栽培できます。チャレンジしてみましょう。

① 園芸店で、シイタケの種菌を埋め込んだクヌギやコナラの原木を購入する。

② 日陰に原木を置き、毎日全体に水をかける。数週間でたくさんのシイタケが生えてくる。

※ときどき米のとぎ汁をかけると、育ちがよくなる。

③ かさの部分が5～10cmまで育ったら、収穫しよう。

上手に栽培すると、50本以上のシイタケがとれる。

実践園の保育者より ●園庭にたき火コーナーがあるので、シイタケやサツマイモ、畑でとれたネギなど、さまざまなものを焼いて食べることを楽しんでいます。自然の恵みや、火のありがたさ、危なさなど、さまざまなことを体感しながらも、ゆったりとした時間が流れます。(原山)

(2~5歳児) シイタケを食べてみよう

苦手な子どもも多いシイタケですが、自分たちで栽培したシイタケは格別!　ホットプレートなどで焼き、しょうゆか塩をかけて食べてみましょう。クッキングに慣れた4～5歳児なら、衛生面や安全に十分注意喚起をしながら、自分たちで焼いて食べるのも楽しいでしょう。年齢の低い子どもたちなら、保育者が焼くのを見て食べるだけでも楽しめます。

学びへのつながり

シイタケは食べることが苦手な子が多い食材。このように栽培してみることで、「食べてみよう」という意欲につながることも多くあります。ただ、それでも苦手な子は一定層いるものです。そのような子が、つらい気持ちにならないような配慮も必要です。場合によっては、シイタケだけではない栽培も検討してみてもよいでしょう。

（3〜5歳児） ミノムシの飼育

ミノムシを飼育して、ミノを作る様子などを観察しましょう。

①飼育ケースの中に、日光に当てて殺菌した土を5cmほどの厚さに敷き詰める。

②ミノムシがついていた枝ごと採取して、枝を水を入れた瓶にさす。ミノムシは、ピラカンサやツバキなどにいることが多い。

③②の瓶を飼育ケースに入れる。葉っぱを食べるので、同じ木の新しい枝に替えたり、瓶の水を替えたりする。オスは羽化してガになるが、メスはずっとイモムシの姿のままで成虫になる。

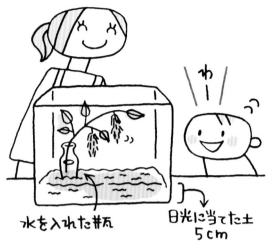

水を入れた瓶　　日光に当てた土 5cm

●ミノムシの着せ替え

ミノムシは、近くにある葉っぱなどで自分のミノを作っています。ミノをそっとはがして中のミノムシを取り出し、周りに細かく切った色紙や毛糸を入れておくと、色とりどりのミノを作る様子が観察できます。

ミノムシの着せ替え

やさしくミノをはがす

短かく切った毛糸

毛糸のミノを着たミノムシが!!

学びへのつながり

ミノムシは、全身にミノをまとっているからこそ、興味深い虫です。子どもたちとミノの中でどのように過ごしてるかを想像して飼うのも楽しいものです。ミノムシの着せ替えをする場合、慎重に扱うことが大切です。どの生き物でもそうですが、クラスで飼う場合、子どもと一緒にその生き物について調べることも不可欠。調べてみると、ミノムシの寿命はおおよそ1年。絶滅危惧種ともいわれているので、いのちを考えるよい機会にもなります。

さらにもう一歩

冬は昆虫が少なくなる季節ですが、それでもよくよく探してみると、ちゃんと出合うことができます。この季節、昆虫の多くは活発に活動せずに、休んで冬をやり過ごしています。ですので、その休み場所を探し当てることになります。石や何か積んである物の下、板状の物が少し隙間を空けて重なっているその隙間、小さく細長い筒状の物の中などがポイントです。逆に、そのような場所を「虫のための冬越しホテル」として用意することで、冬の虫のことを想像することもオススメです。

写真を使って、
壁面・日記・図鑑作り

大豆生田啓友
先生

　37ページのコラムで、「写真で残す」ことについて紹介しました。ここではさらに、その写真を活用して、壁面、日記、図鑑作りなどへの活用について紹介しましょう。

　子どもと散歩や園庭で見つけた植物や昆虫などの生き物を写真に撮ります。まずはそれを壁面にはってみるだけで、子どもたちの関心が高まります。3歳未満児クラスでも、指差しがたくさん起こり、言葉が生まれ、保育者や友達とのコミュニケーションが生まれます。ウサギやパンダの壁面作りもよいですが、写真だと時間短縮になるだけではなく、子どもの興味・関心が生まれ、保育に生きる壁面となるかもしれません。

　さらに、子どもたちと昆虫などを飼育する場合、もちろん、写真だけはるのでもよいと思いますが、写真日記を作るのもよいでしょう。4〜5歳児くらいになると文字への関心も高まるので、中には文字で書こうとする姿も見られます。写真日記があることで、子どもたちが昆虫を飼育ケースに入れて満足するのではなく、毎日の昆虫の様子に関心をもつようになるのです。また、成長を実感して、大きさに関心をもつようになり、その大きさを測るなど、数量への関心にもつながるようです。中には、写真ではなく、絵で記したがる子もいるので、絵日記として行うのもよいでしょう。

　さらに、虫博士のような子どもたちの中には、さまざまな種類の生き物を探して分類し、図鑑のようなものを作る場合もあります。本物の図鑑と見比べながら、もっとこういう虫も探したいという興味に広がる場合もあります。まだ文字が読めない、あるいは書けない子は、「これなんて読むの？」「『か』って書いて」など、友達同士のやりとりも生まれます。文字に関心のない子も、懸命に文字で記そうとする姿も見られるのです。こうした自作の図鑑などを、生活発表会で発表するなどの取り組みをしている園もありました。

　このように、写真を使った壁面・日記・図鑑（あるいは絵本）作りは、子どもへの生き物への関心や好奇心を高めると同時に、文字への関心、数量への関心、地域への関心、友達との協力や自尊心の育ちにもつながる可能性があるのです。ぜひ、工夫して活用してみてください。

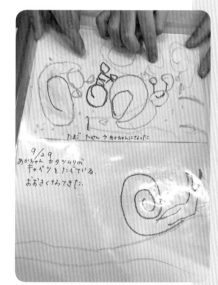

写真／希望丘保育園（東京都）

第 5 章

保育環境

「自然環境を通した学び」を実現するためには、どんな環境を準備すればよいでしょうか。

園に自然を取り入れる工夫を考えてみましょう。

自然環境を取り入れる

自然を身近に感じられるよう、自然を取り込んでいきましょう。ここでは、主に園庭作りを中心に紹介していますが、工夫次第でベランダや保育室内にプランターを置くなどして楽しめます。

写真／小西貴士

21世紀は園全体がビオトープ！

小西貴士

「ビオトープ」は、保育でもよく耳にする言葉です。これは「bio（いのち）」と「topos（場所）」というギリシア語を合わせて造られた造語です。もともとは、生き物が生きてそのいのちをつないでいくには、どのような条件が必要なのかを考えることから生まれた概念です。生き物が豊かに生きていける場所ということですね。

ビオトープの概念が生まれたドイツでも日本でも、ヒトの都合のいいように川や池や森などの環境を変えていく中で、生き物が豊かに生きていける場所が急激に少なくなったことが、ビオトープという考え方や活動が盛んになるきっかけとなりました。現在、年間40,000種以上の生物が絶滅しているといわれ、そのスピードはどんどん速まっていると科学者たちは警鐘を鳴らしています。

絶滅している生き物は、一見わたしたちの暮らしには関係がないように思うかもしれません。でも、いろいろな生き物に支えられた生態系は、わたしたちに大きな恩恵をもたらしています。食料や燃料、繊維、薬などはわかりやすい恩恵ですね。森があることで気温や湿度が安定したり、土砂崩れや洪水が起こりにくくなったり、水が浄化されたりするという恩恵もあります。そして、美しい景観に癒されたり、自然から芸術につながるインスピレーションを受けたりするような恩恵もあります。いろいろな生き物がいろいろな場所でいろいろに生きていることは「生物多様性」といわれ、わたしたちヒトが幸せに生きていくためには「生物多様性」が守られることがとても大切です。

園のビオトープは、生物多様性が失われている時代に、その大切さを身近に実感する入り口です。園の一角にビオトープがある場合は、そこから広げていきましょう。敷地内で人があまり近寄らない場所に野鳥のための巣箱を設置したり、昆虫や小動物のための「インセクトホテル」などを設置したりすることもオススメです！　ヒトの動線だけでなく、ほかの生き物の動線も考えた園庭のデザインが、21世紀型の園庭なのかもしれません。

野草園のススメ

感性を豊かにする園庭

自分で考えて、砂山の造形に使う子も。

　整然と美しい花が植えられた花壇、ところどころには季節によって美しい花や実がなる樹木、近くには整備された固定遊具——。こういう園庭をよく見かけます。もちろん美しい草花を鑑賞できる環境というのもすてきです。けれども、乳幼児期には五感を使った豊かな自然体験から、子どもたちは知的好奇心、探求心、科学への関心が芽生え、生命の尊さや慈しむ心を知り、豊かな自然観、人間性、美的感覚など、総合的な発達がうながされます。また、森林浴的効果として、心身の恒常性を保つことにもつながります。乳幼児期に体験する豊かな自然環境は、人間の生きる力の源泉を築くのです。

　園の花壇や樹木をすべて子どもたちのあそびに開放し、花が咲いたら「摘んでもいいよ」とするのは、難しいかもしれません。しかし、園庭の一部に草花を自由に摘んだり、あそびに使ったりしてもよい「野草園」のエリアを作ることは可能です。野草園を作ることで、子どもたちは草花を見て、触って、匂いをかいで、親しみをもってあそび込むことができるのではないでしょうか。

　園庭に野草園を作ることが難しければ、野草を植えたプランターを置くだけで、子どもたちのあそびは広がっていくでしょう。

ザラザラ
するねー

学びへのつながり

　子どもが自然に親しむためには、実際にふれることが不可欠。見て、ふれて、匂いをかいで、それを手にしたり、あそんだり。野草があると、自然なふれあいが生まれます。さらに、虫などに出合えます。虫などにもふれることを通して、生き物への関心が高まります。そして、捕まえたい、飼いたいという思いが生まれる中で、好奇心が高まります。そこで、いのちの循環を全身で感じるのです。

実践園の
保育者より

●うちの園でも野草コーナーを作っています。そうすると虫が集まって、虫好きの子どもたちが楽しめる場所になります。子どもたちと話し、草花は摘んでもよいけれど、虫たちのおうちになるこのコーナーには、三輪車などの乗り物では入らないなど、ルールを決めて取り組んでいます。（上田）

土作りから
自然豊かな園庭へ

野草を生やすには

野草を生やすには、じつに簡単な方法があります。近所にある草地から野草を穂ごと切ってとります（空地などから採取する場合は、所有者に許可をもらってください）。その穂がついた草でままごとなどを楽しみ、子どもたちがあそびに使った草の残がいを草地にしたいところにまいておきます。すると、1年後には見事に草が芽を出して野草園が出来上がります。要するに草の種をまいていることになるのです。ぜひ、いろいろな種類の草を穂ごととってあそびに使ってください。

栄養のある土に変える植物

一般のグラウンドの土は、植物にとって栄養がなく、育ちにくい状態です。肥沃な土に変えるには植物の力を借りましょう。

例えばシロツメクサは、やせた土地でもよく育ち、その土を栄養のある土に変える力をもっています。シロツメクサの根にある根粒菌が窒素を抱き込むため、これが植物の栄養になるのです。

●シロツメクサの植え方

①日のよく当たる樹木の周りなどの土をよく耕して柔らかくする。そこに。園芸店で購入したシロツメクサの種をまんべんなくまく。

②種をまいた所に、厚さ5mmくらい土をかけ、毎日優しく水をやる。

③芽がしっかりと育つまでは、踏んでしまわないよう、その場所を囲むなどして入れないようにしておくとよい。

④夏が終わるとシロツメクサは枯れるが、土壌は栄養のある土に変わっているため、ほかの草が自然と増えてよく育つ。

 植物を暮らしの中にもってくる場合、最も合理的で基本的なやり方は、ホームセンターで苗を買うやり方ではなく、その地域に生えている野草の種をとってきてまくというやり方です。時間は必要ですが、お金は不要です。一年性の園芸種の植物を毎年買って植えつけるだけでなく、多年生の在来種の植物の種をまいて育てることを取り入れてみませんか。在来種の種をまいて育てるプロセスにこそ、子どもたちと分かち合いたい植物の学びの要点がたくさん詰まっています！

パイオニア植物

レンゲソウ、アカツメクサなどマメ科の植物や、ヤマモモ、ハンノキ、グミなども112ページにあるシロツメクサと同じように、やせた土壌を栄養のある土壌に変える働きをします。これらの植物を「パイオニア植物」といいます。パイオニア植物は、荒れ地や崩壊地など、植物の生育にとって厳しい土地に最初に生えてくる植物です。

学びへのつながり

野草などを園庭に育てようと思ったら、大人だけではなく、子どもと一緒に話し合い、やってみるのもよいと思います。どこからどんな野草を集めてくるとよいか。どのように育てていったらよいか、など。本やインターネットで調べるほかに、地域の詳しい方に聞きに行ってみるのもよいでしょう。子どもたち自身が園庭の作り手となることによって、その後の関心はとても強いものになっていくと思います。

ススキ（イネ科）

シロツメクサ（マメ科）

キリ（キリ科）

クサギ（シソ科）

落ち葉を使って園庭を肥沃にしよう

枯れ葉が落葉すると、はき集めて捨ててしまうことがよくありますが、植物は落葉させて自分たちの栄養となる土を作ろうとしています。落ち葉を、木の根元や園庭の植物の育ってほしい場所にまいておくのも一つの方法です。

落ち葉が腐ってくると、ダンゴムシやミミズなどがそれを食べ、それらのふんが微生物によって分解され、栄養のある土になっていきます。これを「腐葉土」といいます。この腐葉土をほかの土に混ぜることで土全体に微生物が増え、肥沃な土に変わっていきます。園庭の片隅に落ち葉を集めておくスペースを作って、腐葉土作りをするのもいいですね。

落ち葉を集めて……

実践園の保育者より

●冬に霜柱を楽しめる畑の土、春に虫たちが出てくる花壇の土、さらさらを楽しめる砂場の白砂、水を加えると感触の変わる土や砂……。子どもたちはそれぞれ、自分の好きな感触や興味のある場所で、土や砂とのふれあいを楽しんでいます。園に、さまざまな土や砂とふれあえる場所があることが大切だなと、子どもたちの姿から感じました。（村田）

酸性とアルカリ性の土

　ブルーベリー、シャクナゲ、サツキ、ツツジ、リンドウ、スズラン、カラーなどは酸性の土でよく育ちます。ブルーベリーの実をたくさん収穫したい場合は、土を酸性にする必要があります。逆に、強い酸性を嫌う植物には、ライラック、ガーベラ、ダリア、ゼラニウムなどやエンドウ、ナスなどの野菜もあります。ナスを庭にそのまま植えても、うまく育たないのは、そんな原因もあるのです。

　また、アジサイは、酸性の土だと青色がきれいに発色し、アルカリ性に近い土は、赤みを帯びるようになります。まずは、育てる植物がどんな土を好むのかをチェックして、植物に合った土を選ぶようにしてみてください。

 ## 子どもと一緒に害虫駆除

　栽培の過程では、植物にいろいろな虫がついて悩まされることがあります。ただ、子どもたちがいる場で殺虫剤を使うのには、抵抗を感じます。そこで、子どもたちと一緒にできる害虫駆除の方法をご紹介します。

●牛乳でアブラムシ退治

　野菜などの苗にアブラムシなどがついてしまったときは、牛乳を水で3倍くらいに薄め、霧吹きの容器に入れ、アブラムシのいる所に吹きかけてみましょう。数日でアブラムシがつかなくなります。

薄めた牛乳

●定期的にナメクジ退治

　出たばかりの芽をナメクジに食べられてしまうことがあります。特に、植木鉢やプランターの底の裏にナメクジが隠れていることが多く、夜になると芽や苗を食べに上がってくるので要注意です。鉢やプランターを持ち上げて底を子どもたちと確認し、ナメクジを見つけたら取り除きましょう。ナメクジはすぐに増えるので、定期的にチェックしましょう。

実践園の保育者より
　●植物を植えるとき、コンパニオンプランツ（互いに助け合って生育する、相性のよい植物）は意識するようにしています。食べる・食べられる関係を意識しながら、園の中にも生態系を作っていけるようにしています。（原山）

 さらにもう一歩
　手をかけた植物がうまく育つことはうれしいものです。幼いころのその体験は確かに大切です。でも、森や野で植物のことを研究している人たちは、うまく育たないことや、その植物を食べるものとの関係などを、とても大切に考えていることも覚えておいてください。その植物がその植物らしさをもつようになったのは、ほかのいろいろなもの（水やミネラル、菌などの微生物、昆虫や鳥など）との関係、そしてその関係の中で次々に起こる過酷な試練があってこそなのです。

ハーブを楽しむ

匂いの違う葉っぱを、かいでみる。

ハーブガーデンを作ろう

園庭の片隅に、ハーブガーデンを作ってみるのも楽しい試みです。ハーブとは、暮らしに役立つ香草のことで、葉っぱの種類によってさまざまな香りがあります。ミントやローズマリーなどはご存知の方も多いと思います。五感を育むうえで匂いに関する活動は、なかなか機会が多くありません。いろいろなハーブを植えることでさまざまな匂いを体験し、より豊かな感性を養っていきましょう。

ダイヤーズカモミール (キク科)

シソ (シソ科)

アップルミント (シソ科)

ローズマリー (シソ科)

挿し芽をしてみよう

土壌が整ったら、植物を植え、増やしていくことを考えましょう。いろいろな方法がありますが、子どもたちと一緒に行うなら、手軽にできる挿し芽がよいでしょう。

①瓶に水を8分目くらいまで入れ、ハーブを生ける。
②2〜3週間、水が減ったら足しながらそのまま窓辺に置いておく。すると、茎から根が出てくる。
③植木鉢に園芸用の土を入れ、根が出たハーブを植える。あとは、毎日水をやっていると、徐々に株が増えていく。さらにこの株をハーブガーデンに植え替えると、ハーブがどんどん増えていく。

学びへのつながり

ハーブはとてもよい香りがして、子どもたちも大好きです。実際に摘んだ葉っぱをハーブティーにしてみることで、その関心はさらに高まります。このように、ハーブがお茶になることの喜びを実感することで、その後、その葉っぱを大切に育てていこうという思いにもつながるでしょう。自然へのいのちの実感は、このように子どもたちの小さな出来事とのつながりの中で生まれます。

ミントの栽培

　比較的育てやすいアップルミントやペパーミントを育ててみましょう。

①土をスコップで掘り起こし、柔らかくする。そこに赤玉土と腐葉土を同じ割合で混ぜ込む。

②ミントの苗を植えたら、苗が土になじむまで、毎日水やりをする。

※水をやりすぎると枯れてしまうので、乾いたらやる程度にする。

③冬に入る前に軽くせん定しておくと、次の年にどんどん新芽が出てくる。

※肥料はあまりやらなくてOK。

●ミントを飾ろう

　ミントを摘んで水を入れた瓶にさし、保育室に飾ると、保育室の中によい香りが広がる。また、数週間で茎から根が生えてくるので、それを苗としてまた植えてもよい。

●ミントティー

　ティーポットによく洗ったミントの葉っぱとスライスしたレモンを入れ、ふたをして2分ほど蒸らすと、ミントティーの出来上がりです。香りを楽しんでみましょう。

●ミントの香りを楽しんで

　ミントの葉をかむと、香りとともに口の中に清涼感が広がります。香りを楽しみながらままごとにも使ってみましょう。

学びへのつながり

　ミント一つでも、親しみ方が多様にあることがわかります。育てる、摘む、ままごとに使う、部屋に飾る、お茶にするなどです。これは、保育者がいかにミント一つでも楽しめる感性と知識をもっているかということにつながります。多様な親しみ方を体験することが、子どもの親しみの深さにもつながります。だからこそ、保育者は、この草花でどのような楽しみ方ができるかというアンテナを張っておきたいですね。

実践園の保育者より　●菜の花やコスモスなど一年中、どこかに花が咲いている園庭にしたいなと職員同士で話し合い、花の栽培のこよみを作っています。そうすると、子どもたちがその季節ごとに、お花を切って、保育室や食事のテーブルに飾ったり、香りを楽しんだりなどの楽しみが生まれます。（村田）

園庭の自然環境の見直し
——プランター一つから

大豆生田啓友
先生

　今、多くの園で園庭を見直す動きが高まっています。今まで、小学校のグラウンドのミニチュア版だった園庭を、子どものあそびや生活の場として見直していく取り組みが広がっているのです。大きな流れとしては、築山を作ったりするなど、子どもが多様な動きができるようなあそび空間作りが広がったりしています。今まで、年に1回の運動会のためにかけっこができる空間が必要だからと変えられなかった場を、子どもの視点から大きく転換する改革で、とても魅力的な取り組みです。

　そしてもう一つは、園庭に自然の場を作っていこうとする動きがあります。園庭に野草などが育つような空間を作ったり、子どもたちと小さな畑を作ったり、小さな簡易的な池のような水場を作ったりするなどです。ここでは特にこうした自然環境の視点からの園庭の見直しに注目したいと思います。

　このような小さな自然を園庭に作った園では、明らかに大きな手応えを得ているようです。それは、小さな草花などがあることで、新たないのちが生まれ、いのちの循環が生まれているからです。具体的には、虫や鳥などが集まりだし、子どもがそのようないのちにふれる機会が豊かに起こりはじめます。ですから、明らかに子どものあそびが豊かになるのです。草花で色水作りがはじまり、それがお店屋さんごっこになったり。虫とりをして、虫を飼育ケースで飼ったり、観察したりする姿が見られる中で、図鑑などを見ながら科学的な関心が高まりはじめます。虫を飼育ケースで飼うことの是非が子どもたちで議論になり、子どもたちがみんなで考える機会や、いのちについて実感をもって考える機会が生まれたりもするのです。さらに、その様子を保護者に発信することで、保護者にも協力者が生まれてきて、連携が深まったりもします。さらに、困ったときに地域の専門家に聞きに行く姿など、地域とのつながりも起こったりします。

　園庭を見直すというと、大きなことのように思われますが、プランター一つからでもよいのです。小さなプランターがあるだけでも、そこに小さないのちが生まれはじめます。そこから少しずつ広げていけばよいのです。みなさんの園でも、小さな一歩からはじめてみませんか。

写真／希望丘保育園 (東京都)

さらに園庭を豊かにする

子どもたちが草花や虫に興味をもつ姿を見ると、より身近に豊かな自然環境を用意したいと思いますね。どんな木を植えたらもっと活動が楽しくなるか、環境を整えるとどんな生き物がやってくるかなどをご紹介します。

園庭に植えたい木

　先に紹介したどんぐり（73〜76ページ参照）、まつぼっくり（77ページ参照）のなる木なども園庭にあると楽しいで植物です。また113ページで紹介したパイオニア植物は、園庭の土壌を改善するのに適した草木です。

　よく園庭に植える木となると先生方が選ぶのが果樹です。しかし、果樹は丁寧に世話をしないと実がならなかったり、木がすぐに弱ったりとなかなか難しいものです。例えば、リンゴなどもプロが管理して育てるようにはなかなかいきません。やっとできた1個のリンゴもあまりおいしくなかったり……。果樹を育てる場合は、知識や丁寧な世話が必要になります。そこで、割と手軽に育てられ、食べられる木の実や、園庭に植えると保育が楽しくなる木をご紹介します。

学びへのつながり

　園庭に、季節によって実をつけたり、花が咲いたり、虫がやってきたりする木があることは、子どもの生活を豊かにします。新たに木を植えるのはハードルが高いですが、すでに園庭に木がある園では、その木に関心をもってほしいものです。一度、園庭の木のマップを作って、子どもと木について調べてみてもよいかもしれません。「この木って〇〇なんだ」と発見がたくさんあることでしょう。子どもの木への関心が高まったり、「今度、〇〇してみよう」という声も出てきたりするのではないでしょうか。

甘い香りのするキンモクセイの花。

とげとげしたヒイラギの葉っぱを触ってみる。

さわったり、観察したり…

果　樹	●ヤマモモ　　●グミ　　●キンカン　　●クワ　　●ザクロ　　●ビワ　　●カキ（種類による）など
実を食べられるつる性植物	●アケビ　　●ムベなど
木いちごの類	●ブルーベリー　　●ラズベリー　　●カジイチゴなど
あそべる木の実・種	●ムクロジ（泡の出る木の実の皮・硬い種）　　●ネズミモチ（種飛ばし） ●シナノキ（プロペラのように実が落ちる）　　●ヒサカキ（色水）　　●トベラ（ネチャネチャの実） ●カリン（よい香りの実）　　●ソテツ（きれいな色の実）など
おもしろい形の木の実	●タイサンボク　　●コーストバンクシア　　●ヤシャブシ　　●キリ　　●ナギ　　●センダン ●マルバチシャノキ　　●スズカケノキ　　●フウ　　●アメリカフウ　　●アコウ　　●ポポー ●トチノキ　　●サワグルミなど
たくさん実がつく木	●イイギリ　　●クロガネモチ　　●シャリンバイ　　●イチョウ　　●ピラカンサ　　●アオキ　　●ガマズミなど
花が香る木	●キンモクセイ　　●ギンモクセイ　　●ヒイラギ　　●ヒイラギモクセイ　　●フジ　　●トウオガタマ ●ジンチョウゲ　　●クチナシ　　●スイカズラなど
葉が香る木	●クロモジ　　●クスノキ　　●ヤブニッケイ　　●ゲッケイジュ　　●ランタナ　　●サンショウ　　●クサギなど
つる性植物	●ツキヌキニンドウ　　●オカメヅタ　　●オオイタビ　　●ヘデラ・ヘリックス　　●フジ　　●モッコウバラ ●センニンソウ　　●テイカカズラ　　●スイカズラ　　●サルトリイバラ　　●ブドウの類など

あそびに
使ったり…

実践園の
保育者より

●園には木登りができる木があり、みんなで木を大切にしています。全身を使って木に登る、木登り
を通して体の使い方を知ることにつながり、小さな子たちには、お兄さん、お姉さんが木登りを教
える姿も見られます。（上田）

虫を呼ぶ植物

　園庭のいろいろな植物をよく観察してみると、「この虫はこの木の葉っぱがお気に入りだな！」とか、「この花にはこの虫が集まってくるな！」などと虫と植物の関係がよくわかったりして、あらためて自然環境のおもしろさに気づくことができます。ぜひ、子どもたちと木々に集まる虫を探してみてください。

学びへのつながり

　夏になると、カブトムシやクワガタムシなどに興味をもつ子どもが出てきます。もし、近隣にそのような昆虫がいる自然の場などがある場合、昆虫が集まる木の種類にも関心をもてる機会になるとよいですね。都会でも、家庭や地域の人から情報を集めると、意外とそのような場はあるものです。地域の木々のある場にも出かけたいですね。昆虫とのつながりの中で、木に関心が高まることも期待できます。

●クヌギの樹液が好きな甲虫類

大型のどんぐりがなるクヌギの木は、幹に傷をつけるとそこからじわじわと樹液が出てきます。数キロ内に山間部などがある地域では、この樹液を求めてカナブン、クワガタムシ、カブトムシなどの甲虫やオオムラサキなどのチョウがやってきます。

※クヌギの樹液には、スズメバチなども集まるので、観察する場所などは配慮してください。

●クスノキやタブノキが好きなアオスジアゲハ

アオスジアゲハの幼虫は、クスノキやタブノキの葉っぱを好んで食べます。

●シマトネリコとコガネムシ

シマトネリコの花やネズミモチの花などにはハナムグリなどのコガネムシが集まります。

さらにもう一歩

　子どもたちが身近に感じる生き物の代表は、やはり昆虫です。そのそばにいる保育者が、昆虫ってスゴイな！　へえ！　なるほど！　と思えることは、とても大切です。実は、全国には昆虫関連の施設がたくさんあります。そこには専門家がいて、昆虫の生態の不思議さやおもしろさ、神秘さを、わかりやすく展示したり、解説してくれています。昆虫施設は、子どもたちが遠足で行くだけでなく、保育者の研修先としても格好の施設です。ぜひ、保育者研修で、昆虫施設に出かけてみてください。もちろん、動物園・植物園・自然に関する博物館・ビジターセンターなどもオススメです！

園庭に来たジョウビタキ。

園に野鳥を呼んでみよう

さまざまな野鳥を園庭に呼び、観察してみましょう。

①少し傷んだミカン（柑橘系ならなんでもOK）を持ち寄り、輪切りにして木の枝にさしておく。えさ台を作って、古くなった米や傷んだパンなどを置いておくのもよい。
②数日後には、いろいろな野鳥が集まってくる。鳥の姿を見たり、鳴き声を聞いたりしてじっくり観察してみよう。写真を撮ったり、図鑑で調べたりしてみてもおもしろい。

学びへのつながり

園庭で偶然見つけた鳥から、鳥の種類に興味をもったり、えさを準備して鳥を呼び寄せてみようという話になったりすることがよくあります。えさ台などを作って、子どもとえさを準備しておくと、気持ちも高まるでしょう。なんのえさがよいかについても議論になります。そのえさ台に意外な鳥などが集まるようになると、鳥の種類や生態、えさなどへの関心が広がっていくことも期待できます。

ミカンなど

パンなど

えさ台

つり

実践園の保育者より ●イネをプランターで栽培していると、ネットなどの対策をしていても、いろいろな鳥がやってきて食べられてしまいます。でも、食べられてしまうことも、子どもたちと「あんな鳥がいたんだね！」と野鳥観察のチャンスに変えて、楽しんでいます。（村田）

植物に生き物が集まって

　土を作り、植物を植えて栽培し、少しずつ園庭に植物が増えてくると、その植物を求めて虫が増え、鳥が集まり、ますます豊かな自然環境が作られていきます。自然豊かな園庭で、子どもたちとさまざまなあそびを展開してみてください。

※ムカデ、ハチ、イラガなど危険な虫もいるので、保育者が知識をもち、配慮しましょう。

シャクトリムシを発見！

学びへのつながり

　園庭に小さくてもよいから植物などの自然の場があると、そこには生態系が生まれます。それは、いのちのつながりのようなものです。小さな子どもにとって、それは知識として教えることが大切なのではなく、それを感じることが大切です。だから、そのような環境があることそのものが重要なのです。5歳児くらいになると、自然物への興味から次第に知的な興味・関心へとつながっていきます。

木の実に鳥が集まる。

草花の蜜を求めてチョウなどが集まる。

草にはそれをえさとするバッタやコオロギが集まる。

落ち葉の下には、ダンゴムシやミミズが生息。

 さらにもう一歩

　当たり前のことをいうようですが、山があったり、谷があったり、この地球は凸凹（デコボコ）しています。一般的に高山など、凸としたところは乾燥する傾向にあります。一方、渓谷の底など凹としたところは湿る傾向にあります。乾燥したところ、湿ったところ、それぞれの環境に合わせた動植物が生きています。地球が凸凹していることで生命は多様になるのです。園庭も同じように凸凹が多いと、いろいろな種類の植物や昆虫が生きられるのです。

水辺を作る

※水辺を作るときは、子どもたちの安全を考えて水の深さ（５cmでも乳幼児はおぼれることがある）、柵をどうするかなどを考えましょう。

　園庭に川や池を作ると、子どもたちが喜ぶ虫や鳥などの生き物がさらに集まるようになります。このとき、より自然な環境を目指すには、川や池の一角に水辺で育つ植物を用意することです。川や池のそばに植えると、虫や水の中の生き物が生育しやすい環境になります。とはいえ、本格的に池や川を作るのはおおごとです。園芸店などには、「トロ舟」といわれるセメントや砂、砂利を混ぜてコンクリートを作るときなどの容器や大きめの水鉢が売っているので、そういう水の入る容器を置くのもお勧めです。容器の底には土や石を入れ、水を注ぎ、水草も浮かべます。そうするだけで、気がつくと水の中でヤゴが育っていたり、カエルが産卵したりなど、驚きの発見があります。

水辺の植物	●ガマ　●アシ　●ハナショウブ ●ショウブ　●セキショウ　●セリ ●ミツバ　●クレソンなど
浮草・水草	●スイレン　●ハス　●アナカリス ●オオカナダモ　●カモンバ ●ホテイアオイ　●ヒツジグサなど

ホテイアオイの栽培

　水草のホテイアオイは、簡単に栽培できます。水槽を窓辺に置き、身近で観察してみるのも楽しいでしょう。

①水槽に小石を入れて、水をたっぷり入れる。そこにホテイアオイを浮かべる。
②窓辺など日当たりのよいところにおくと、観察を楽しめる。

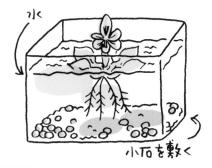

水

小石を敷く

学びへのつながり

　池のような立派なものでなくても、簡単な小さな水辺を作ることで、子どもたちは生き物が集まることを実感できます。それがあるだけで、生活のワクワク感が高まり、発見があふれ、子どもたちの生き物への関心が高まります。そして、野草同様に、子どもたちが知識としてではなく、全身でいのちのつながりを実感することにつながるのです。それはまた、科学的な好奇心にもつながるのです。

水草

土　　　トロ舟

実践園の保育者より

●うちの園では、ブドウの木を植えています。そうすると、カナブンが葉っぱを食べにたくさんやってきます。実を食べられることもなく、子どもたちはカナブンを捕まえたり、放したりしながら楽しめて、共存関係を楽しんでいます。（田中）

あそびを広げる道具いろいろ

子どもたちの自然あそびをより充実させるために、園庭や保育室にさまざまな道具を用意しておきましょう。

●瓶
拾った草花や木の実・種などを入れて、保育室に置いておく。それだけですてきなオブジェにもなり、製作あそびに使うときも、草花や木の実を自由に取り出すことができる。

●ペットボトルやプラスチックの空き容器
色水あそびにも水あそびにも、大きさの違う容器がたくさんあるとあそびが広がる。

●かご・ざる
通気性があり、拾った木の葉や実を入れておいたり、干したりするのに便利。

●水槽・観察ケース
中に入っている物をいろいろな方向から見ることができるので、捕まえた虫などを一時的に観察するのに便利。また、古くなったケースでも、木の実などの入れ物として活用できる。

●ミキサー
木の実などを細かくするのに便利。
※ミキサーを使うときは、必ず保育者と一緒にしましょう。

●はかり
簡単な天秤ばかりのようなはかりがあると、あそびの中で自然と物の重さを比べたり、測ったりすることに興味がわく。

●おろし器
木の葉や実をすり下ろすのに活用。ままごとや色水作りに。
※使用の際は、指をけがしないよう、十分に注意しましょう。

●すり鉢・すりこぎ
木の実や木の葉をすりつぶすのに活用。感触、香りを楽しめる。

都市環境はドラマチック?!

小西貴士
先生

　森に来る保育者から、よくこんな声を聞きます。「子どもたちと自然に親しみたいけれど、周りにまったく自然がなくて……」。その気持ちはよくわかるのですが、森の案内人はそうは思っていません（笑）。確かに豊かな森林環境にいるときのように、何を見ても何をしていても自然に親しむというわけにはいきません。でも、ちょっとこつをつかめば、都市環境の自然観察もおもしろいものです。大雨によって崖崩れが起きたり、自然発火で森林火災が起きたりすることを「自然撹乱（かくらん）」といいます。現在の地球はヒトによる影響が大きくなっていますので、そのような自然の営みによる撹乱とは区別して、建設工事で地面を大きく掘り返したり、大規模に森林伐採したりすることを「人為撹乱」といいます。都市環境は「人為撹乱」が大きく進んだ環境だといえます。「自然撹乱」の場合は復元力が働き、元のような状態に戻っていきます。しかし、「人為撹乱」の場合は、元のような状態に戻るまでにはかなりの年月が必要だと考えられています。それは言い換えれば、東京23区のような都市環境は、日々ゆっくりと森に還ろうとしているということです。その息吹は街のあちらこちらで見ることができます。アスファルトのひび割れから芽吹き、花を咲かせ、種ができるまで生きている植物がいるのは、その証拠の一つです。戦後植樹された街路樹が大きく成長し、そこで子育てする小型の野鳥を狙って、ワシ・タカの仲間が都市ビルに営巣するのもそうです。ですから、わたしなどは街に出かけると、その生命のたくましさやしたたかさに「オー！」と声を挙げて感動しています（笑）。そして、冷静に考えても、豊かな森林環境に比べ、どんなふうにしてここで生きているのだろう？　というわかりやすい疑問から観察をはじめることができますし、生命同士の関係性も単純でわかりやすいことが特徴です。わたしたちはないものねだりをしがちですが、街の自然のドラマチックさにも、子どもたちと心躍らせていたいですね。

写真／小西貴士

自然に関するオススメ本

自然とどのように向き合えばよいのか？
子どもたちに自然とのかかわりや、自然をいとおしむ気持ちをどう伝えていけばよいのか？
本書を手にとって、さらに自然への関心を深めたいと思うようになった方々に、編・著者からのオススメ本をご紹介します。

● 大豆生田啓友先生からオススメ！

特にオススメ！

（保育者に向けたオススメ本）

チキュウニ ウマレテキタ

小西貴士／写真・文（風鳴舎）

森の案内人であり、写真家でもある小西貴士の、写真と言葉で紡がれた本です。森の中で過ごす子どもたちの生き生きとした姿が、写真でつづられています。本書では、子どもたちがいのちをいとおしむ姿が力強く感じられるのです。それだけではありません。子どもだけではなく、自然そのもののいのちをも実感することができます。本をめくっていくと、1枚の葉っぱにも、枯れた木々にも、いのちのいとおしさを感じるのです。1枚の葉っぱへのいとおしさと、目の前の子どものいとおしさがつながっていくのです。大人だけではなく、子どもと一緒に読んでもよいかもしれません。子どもは、写真のおもしろさだけではなく、自然のおもしろさも感じるのではないでしょうか。まさに、驚きにあふれている本です。彼の一連の写真集にはそうした魅力があります。子どもにも、保育者にもお勧めの1冊です。

（子どもに向けたオススメ本）

はらぺこあおむし

エリック・カール／作　もりひさし／訳（偕成社）

いわずと知れた名作絵本。卵から生まれた青虫が、たくさんのものを食べながら大きくなる様子。そして、さなぎになって、チョウチョになる美しく感動的な絵。多くの子どもが魅了される絵本。科学絵本とは異なる視点の魅力があふれています。

（子どもに向けたオススメ本）

とべ バッタ

田島征三／作（偕成社）

田島征三さんの力強いタッチの絵でかかれたバッタ。バッタに興味をもちはじめた時期に、読んでほしい絵本です。バッタに興味がない子も、逆境の中で力強く生きるバッタの姿に、心を動かされることでしょう。

（子どもに向けたオススメ本）

ざっそうの名前

長尾玲子／作（福音館書店）

雑草の名前を覚える必要はありませんが、雑草に名前があることを知ると、その雑草は雑草ではなく、特別な存在となることがあります。この絵本は、刺しゅうでえがかれているというのも、いわゆる図鑑型の写真絵本とは異なる魅力。保育者も子どもと一緒に開いてみたい1冊です。

● 出原 大先生からオススメ！

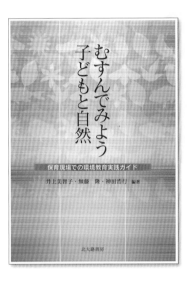

特にオススメ！

保育者に向けたオススメ本

むすんでみよう　子どもと自然
保育現場での環境教育実践ガイド

井上美智子・無藤隆・神田浩行／編著（北大路書房）

自然体験の理論と実践本。さまざまな自然あそびから、自然環境の在り方・作り方の紹介、また、自然教育の意義が述べられていて、保育実践における自然教育のマニュアルです。
コラムでは、わかりやすく自然教育、環境教育の意味が解説され、そして、巻末では、具体的な悩み・疑問の解決策を Q&A 形式で述べています。まさに、環境教育につながる自然体験・環境の在り方について述べられているすばらしい本です。

子どもに向けたオススメ本

ひろってうれしい 知ってたのしい
どんぐりノート

いわさ ゆうこ・大滝玲子／作
（文化出版局）

日本にあるどんぐりを、一つ一つ興味がもてるように紹介してあります。それぞれのどんぐりの木の名前の由来、形状や生態の違いのほか、どんぐりのマテバシイはかつて日本人の主食であったことなどが詳しく記されています。

保育者に向けたオススメ本

少年動物誌

河合雅雄／作　平山 英三／画
（福音館書店）

映画「森の学校」の原作本。生物学者・河合雅雄氏の幼少期の物語から、自然体験の重要性が述べられています。興味深いのは、一時代前の少年・少女が、小動物や植物にたくさんふれながら生きる力を育んでいたこと。実体験をもとに具体的に記されていて、楽しく読める本です。

子どもに向けたオススメ本

木の実とともだち ── みつける・たべる・つくる ──

松岡達英／構成　下田智美／絵・文（偕成社）

身近な木の実が紹介されていて、探したくなり、また、名前・特徴を覚えて親しみをもったりします。赤い実、黒い実、青い実などと分類して解説されています。子どもたちと、「あっ！ これ見たことあるね」などと、会話しながら読める自然科学絵本です。

小西貴士先生からオススメ！

特にオススメ！

保育者に向けたオススメ本

いのちのひろがり

中村桂子／文　松岡達英／絵（福音館書店）

森の案内人であるわたしが敬愛する生命科学者の中村桂子さんが、小学生向けに丁寧に語りかけられている1冊です。小学生向け？いえいえ、だからこそ大人が学ぶ入門書として最適なのです。自然とはなんなのか？　わたしとはなんなのか？　わたしとあの子とアリと地球がどこでつながるのか？　が、書かれています。これまでの自然を活用した保育から、（ヒトも含めた）自然とともにある保育へと変わっていきたい時代です。そんな時代の生命観を、中村さんがやさしく、でも、しっかりと案内してくださっています。ちなみに、ここが入口となって、『生命誌とは何か』（中村桂子／講談社学術文庫）へと読み進んでくださると、生命の世界はもっともっと広く深くなっていきます。

保育者に向けたオススメ本
子どもに向けたオススメ本

しでむし

舘野 鴻／作・絵（偕成社）

この地球ではすべての生命が循環していることを、自然は生だけでなく死によっても深くつながっていることを、包み隠さずに丁寧に表している絵本です。作者の舘野さんはとても優れた観察者でもあります。

保育者に向けたオススメ本

プラネットアース
イラストで学ぶ生態系のしくみ

レイチェル・イグノトフスキー／著
山室真澄／監訳　東辻千枝子／訳
（創元社）

いろいろな生き物がつながって生きていること、そして、それらが生きる環境を含めて「生態系」といいます。生態系を理解していると、自然がとてもいきいきと見えてきます。この本は、その生態系について美しいイラストで学べる良書です。

保育者に向けたオススメ本

センス・オブ・ワンダー

レイチェル・カーソン／著
上遠恵子／訳　森本二太郎／写真
（新潮社）

海洋生物学者である著者が、おいっ子と自然豊かな環境で過ごした日々から着想を得て書かれたベストセラーです。自然の神秘や不思議さと出合う幼い人のそばにいる大人の役割についても考えさせられる1冊です。

付　録

植物図鑑

植物と上手に付き合っていくには、その植物の特性を知ることが大事。
植物とふれあうとき、子どもたちに語れる豆知識や、危険性などを紹介します。

なるほど！植物豆知識

知っていると、自然とかかわるのがより楽しくなる豆知識です。子どもたちと話をするとき、あそぶときに役立つ知識をご紹介します。

● たんぽぽ

18〜23ページ

　春の到来を告げる草花といえば、たんぽぽ、レンゲソウ、スミレが有名です。これらの植物は、今でも野草として身近に見られる種類です。特にたんぽぽは、空地や道端にも咲いています。

　たんぽぽは、23ページにも紹介しているように、食べることのできる植物です。たんぽぽの根を焙煎して作るたんぽぽコーヒーは、聞いたことがあるのではないでしょうか。根は漢方薬としても使われ、茎はビタミンや鉄分などを含んでいます。花がつく前の柔らかいうちに摘み取って、おひたしやてんぷら、野菜いためにしてもおいしいそうです。

ほかにもあそびに使うとおもしろい春の花

　アオダモやシャリンバイ、ギシギシなども形や感触がおもしろい植物なので、あそびに使ってみるとよいでしょう。春の花を使ってのあそびは無限にあるので、あそび方を考えながら、植物を探してみるのもよいでしょう。

アオダモ
白くてきれいな綿のような花を咲かせる。柔らかい感触を楽しもう。

菜の花

25ページ

アブラナの花。

種とりも、
楽しいあそび。

「菜の花って、アブラナの花ですよね？」と聞かれることがあります。実は、菜の花とは、キャベツ、レタス、カブ、ダイコン、ラディッシュ、ブロッコリーなど、菜っ葉の花の総称なのです。ですから、みなさんがよくイメージする黄色い「菜の花」はアブラナであり、菜の花の一種です。花の色も白、ピンク、黄、紫など、種類によってさまざまです。

ダイコンの花。
これも菜の花の一種。

ギシギシ
花や穂に触るとパラパラとこぼれ
落ちる。感触や様子を楽しもう。

ノースポール
小型の花で、花びらを1枚
1枚とることができ、扱い
やすい植物。

シャリンバイ
ウメの花に似ている。花びらが肉
厚でしっかりとしているので、子
どもたちでも扱いやすい。

シャリンバイの
実。黒く熟した
実を乾燥した所
に保存しておく
と、カチカチの
硬い状態になる。

レンゲソウ・シロツメクサ

21・47・112
ページ

　春、田植え前にわざわざレンゲソウやシロツメクサの種をまいて田畑を肥やすのは、根にある根粒バクテリアが窒素を抱きこむ珍しい植物だからです。レンゲソウやシロツメクサのほかに、アカツメクサ、マメ科の一部の植物のみがこれと同様の性質をもっており、荒地などに生えて土壌を肥やすことで知られています。

シロツメクサの花。

カラスノエンドウ

32ページ

　エンドウマメに形が似ていますが、実が熟すと、さやがカラスのように真っ黒になることから、カラスノエンドウという名前がついたといわれています。
　カラスノエンドウとよく似ていますが、少し小型のものに「スズメノエンドウ」という草もあります。両方とも「人間は食べないが、カラスやスズメなどは食べるだろう」ということから、これらの名前がついたという説もあります。

オジギソウ 41ページ

　オジギソウもまた、ユニークな植物です。ふれると順々に葉を閉じ、下向きになる姿は、まるでお辞儀をしているように見えることから、オジギソウの名があります。
　葉にふれるだけでなく、熱や振動などの刺激が加わってもお辞儀をします。オジギソウは、7〜10月ころになると、フワフワしたボールのようなピンクの花を咲かせます。動かないと思っていた植物が、触ったり熱に反応したりして動く不思議から、植物への関心がさらに深まることでしょう。

オジギソウの花。

ワタ

40ページ

きれいなワタの花。

　5月初旬から中旬に種をまくと、2か月くらい後にハイビスカスに似た美しい花が咲きます。花は1日でしぼんでしまいますが、その後1か月半くらいで果実ができ、実が割れると、中からワタが顔を出します。実から本物のワタが飛び出すユニークさに、子どもたちも自然の不思議を感じることでしょう。ワタの実は、ドライフラワーにして、クリスマス飾りにするなどにも使え、栽培からあそびまで、さまざまに楽しむことができます。

アサガオ （44ページ）

　アサガオは「短日植物」といい、昼の時間が短くなると咲き始める植物です。花の咲く時期は7〜9月ころで、咲いた花は一度しぼむともう開かなくなります。花がしぼんで20日くらいすると、種ができてきます。

アサガオの花の色は、赤、紫、青などさまざま。色水あそびなどに使ってみよう。

ムクゲ （46ページ）

　3〜4mの落葉樹で、夏に鮮やかな色の花を咲かせます。花は、手で簡単につぶれ、ぬるっとした感触が楽しめます。

ムクゲの花。

花粉 （46ページ）

ユリは、虫の体におしべの花粉が付いて、その虫がめしべにふれることによって受粉する。

　花粉が受粉することによって、植物は種を作り、子孫を作ります。その受粉の仕方は植物の種類によってさまざまです。ユリの花のように蜜や香りで虫を誘い、虫の体におしべの花粉が付いて、その虫がめしべにふれることによって受粉する花は、「虫媒花」と呼ばれます。

　また、トウモロコシのように雄花と雌花が離れているものは、風によって花粉が運ばれて受粉するので、「風媒花」といいます。

　オシロイバナなどは、おしべとめしべが互いに動いて受粉します。これを「自家受粉」といいます。

トクサ （54・88ページ） ・ ムクノキ （32・53・88ページ）

　トクサは湿った土壌で育ち、日本庭園などの水辺によく植えられています。昔は、家具などを磨くのに、この茎を使っていました。

　ムクノキの葉も表面がざらざらしているので、つめ磨きとして使うことができます。ムクノキは、昔、日本刀の仕上げ磨きにも使われていました。

水辺によく見られるトクサ。

ムクノキの葉もざらざらしている。

クズ （55ページ）

クズの葉。

秋の七草の一つであるクズ。地下茎からは葛粉がとれるなど、さまざまな食品の原料になります。また、地下茎を「葛根」と呼び、漢方薬「葛根湯」の原料として知られています。

ちなみに、クズのほかに秋の七草に入るのは、オミナエシ、オバナ（ススキのこと）、キキョウ、ナデシコ、フジバカマ、ハギです。「中秋の名月」に、秋の七草を飾るというのは、実に情緒のある日本の文化です。

ススキも秋の七草の一つ。ススキの花粉でアレルギー症状を起こすこともあるので、アレルギー、ぜん息などに気をつけよう。穂を収穫する際は、葉の縁が鋭く、手を切りやすいので、注意が必要。

イネ （62ページ）

昔から「初夏から夏にかけて雷がよく鳴ると、イネがよく育つ」といわれてきました。そのため、イネのお嫁さん「稲妻（いなづま）」と呼ぶようになったそうです。

雷が鳴るとイネがよく育つということには、科学的根拠もあります。実は雷が鳴るときの大気の層には、窒素が豊富にあり、雷の放電によってこの窒素がイオン化（水に溶けやすい状態になる）し、雨に溶け込んで地面に降ってきます。イネは、窒素を栄養とするので、雷のお陰で窒素を多く含んだ雨を根から吸収してしっかりと育つのです。このようなイネと稲妻の関係に気づくほど、昔の人は自然環境と向き合っていたのですね。

雷を不安がる子どもたちに、雷は怖いだけでなく、「雷がよく鳴ると、お米が育つ！」という話をして、この夏、雷鳴が聞こえた日を数えてみるのもいいかもしれませんね。

夜咲く花

受粉を手伝ってくれる虫たちでも、夏の暑さにはまいってしまう種類があります。そこで夜行性の虫が出てくるのです。そんな虫たちに合わせて進化してきた、夜に咲く花があります。ツキミソウやゲッカビジンは、名前の通り、夜にきれいに咲く花です。また、オシロイバナも、夕方に咲きはじめて朝になったらしぼむという夜に咲く花の一種です。夜に咲く花の話をすると、子どもたちも興味をもって花の咲く時間などを観察するようになります。

オシロイバナも、夜に咲く花の一種。

紅葉の仕組み （66ページ）

　紅葉は、四季のある日本の風土に合った植物の姿です。その仕組みを簡単に説明します。紅葉は、落葉樹と呼ばれる植物の秋の特徴で、気温が低い時季を迎えると、樹木が根の吸水作用を弱めることに起因します。すると、樹木は、葉っぱに水を送っていた管を塞いで（葉っぱと枝をつないでいる部分に「離層」を作り、水を通らなくします）、送水を止めます。この水の通り道をふさぐとき、同時に葉っぱのほうから光合成によって作られた「糖」（養分）を、枝に送る管もふさいでしまいます。そこで、葉にとどまった「糖」の中の色素によって色が変わるという説もあります。

紅葉したウルシの木。

タラヨウ （68ページ）

　関東より西の地域の森林で見られる背の高い木。長さが15㎝以上もある大きなつやのある葉が特徴。葉に傷をつけて文字を残すだけなら、「ほかの葉でもいいのでは？」と思ってしまいますが、タラヨウの葉は特別な成分を含むため、傷をつけると短時間で黒く変色して文字が浮かび上がる特性や、文字がそのまま消えずに長く残る性質があり、言葉を保存する葉として選ばれるようになりました。

タラヨウの葉。

タラヨウの葉の裏面。枝などで文字を書くと、黒く浮き出てくる。

どんぐり （73〜76ページ）

　「どんぐり」は、日本に22種類の樹種があります。「どんぐり」とは総称で、木の名前ではありません。ブナ科の木の実で、「団栗」（どんぐり）とあて字がされていて、丸い栗に似ているブナ科の木の実を意味しています。

　クヌギ、アベマキ、カシワ、ウバメガシ、ミズナラ、コナラ、アラカシ、シラカシ、ウラジロガシ、スダジイ、ツブラジイ、マテバシイ、シリブカガシ、ツクバネガシ……。どの「どんぐり」の木も、なり年（数年に1回どんぐりをたくさん落とす年）をもち、毎年秋に子どもたちを喜ばせてくれています。もしゃもしゃ帽子（正式には殻斗・かくと）のクヌギやカシワ、細長くてきれいな縞模様のコナラ、調理して食べたらおいしいマテバシイ、おしりがへこんでいるシリブカガシなどなど、個性豊かな「どんぐり」たちとの多くの出合いがあると、いろいろな違いに気づいて興味深い体験となるでしょう。

秋にとれたさまざまな大きさや形のどんぐりや実。

まつぼっくり （77ページ）

まつぼっくりにも、樹種によっていろいろな形や大きさのものがある。

　一般によく目にして「まつぼっくり」と称して呼んでいる木の実は、クロマツ、アカマツなどの実です。手のひらサイズで、つい拾ってみたくなりますね。そんなまつぼっくりですが、雨の日の様子を見ると、傘の部分を閉じて、細長い木の実になっているのを見たことがありませんか？

　「まつぼっくり」は、松にできる木の実を指しています。種はまつぼっくりの中にあり、種に薄い皮が付いていて、風が吹いたときなどにまつぼっくりからこぼれ落ち、プロペラのように回転しながら遠くに飛ばされます。この薄い皮の部分がぬれてしまうと、種は樹木の真下にぽとりと落ちることになるのです。そこで、まつぼっくりは、雨の日に種がぬれないように傘を閉じるのです。まつぼっくりを「まつかさ」ともいうのは、種のための傘（かさ）の役目をしているからです。

ツバキ （80・89ページ）

　樹高が5～10mになる常緑樹です。光沢のある濃い緑色の葉は、その美しさから季節の和菓子として、あんこの入ったお餅を挟んだ椿餅などにも使われています。花が終わった後に赤い実がなり、実は熟すと割れて、黒い種が現れます。この種からは油もとれます。

　葉っぱも花も実も種もあそびに使える木です。

実の中には、固い種が入っている。

花が終わった後にできるツバキの実。

ヒイラギ （89ページ）

　ヒイラギは、葉の縁がのこぎりの歯のようにギザギザしているのが特徴の常緑高木です。オスとメスの木があり、両方とも花が咲きますが、形が違います。花はキンモクセイに似たよい香りがします。

　ヒイラギというと、クリスマスに使う赤い木の実のつくものを思い浮かべる人も多いかもしれません。しかし、赤い実がつくものは、セイヨウヒイラギといって、節分に使うヒイラギとは別の種類です。

　節分にイワシとヒイラギを飾るのは、生臭いイワシの匂いを鬼が嫌うのと、トゲトゲしたヒイラギの葉っぱで鬼の目をさし、鬼が家に入ってくるのを防ぐためといわれています。樹高は4～10mで、老木になると葉の鋭いとげがなくなり、縁は丸くなります。

とげとげしたヒイラギの葉。

冬芽 （92ページ）

　冬の落葉樹は、葉っぱも花もない、つまらない存在だと思っていませんか。ぜひ樹木に近づいて、枝先に付いている冬芽をじっと見つめてみてください。厳しい冬を越すために、樹木はいろいろな工夫をしています。コブシやタムシバは、ふさふさと毛の生えた覆いを冬芽にしていますし、トチノキはべとべとした樹脂を冬芽にくっつけて、芽の隙間をぴったりと埋めています。子どもたちと冬芽探しの散歩に出るのも楽しいものです。

　冬に葉っぱが落ちて目的の木が見つけにくくなる前、夏の間に冬芽の付く木をチェックしておきましょう。子どもたちが夏と冬の木の様子の違いに気づくきっかけにもなります。

トチノキになる実。日本では縄文時代から食べられていた。あく抜きをするために水にさらし、その後1か月以上、天日干しをし、さらに流水で1週間さらすなど、工程に手間がかかるが、今でもトチの実をついて作ったお餅であんこをくるんだものが、「とち餅」として市販されていることがある。

ナンテン （96ページ）

樹高が2〜3mになる低木です。ナンテンという名前が「難を転じる」ことに通じるため、魔除けや厄除け、縁起のよい木として、昔から庭などに植えられてきました。

11〜2月ころにきれいな赤い実がなるので、正月飾りなどにも多用されています。

きれいなナンテンの実。

ネズミモチ （97ページ）

ネズミモチの木は、公園などでよく見かけます。実がネズミのふんに、葉がモチノキに似ていることから、この名前がついたといわれています。

ネズミモチの実がなったところ。

よく似たトウネズミモチ。中国原産のネズミモチで、中国の昔の呼び方「唐」がついてトウネズミモチと呼ばれるようになったといわれている。

リンゴとエチレンガス

リンゴを冷蔵庫に入れるとき、バナナやホウレンソウと一緒に入れないほうがいいと聞いたことはありますか？ また、リンゴとジャガイモを一緒に保存するとよいと聞いたことはありませんか？ これはリンゴから放出される植物ホルモン「エチレン」というガスによって、バナナやホウレンソウの生長を促進させてしまうため、バナナが早く熟して傷んだり（逆に青いバナナをリンゴと一緒に保存すると早く熟します）、ホウレンソウが黄色くなったりするからです。

一方、このエチレンガスは、新芽や花芽の萌芽を抑制する作用もあります。だから、リンゴとジャガイモを一緒に保存すると、ジャガイモの発芽を抑えてくれるのです。

このエチレンガスも、自然や植物の不思議な力の一つですね。昔からこれらの知識は、おばあちゃんの知恵袋のように家庭の中で自然と語られてきました。このような知識は、一生の宝となるので、子どもたちに語り継ぎたいものです。

ちなみに、果物ではリンゴ以外にアボカド、メロン、洋ナシなどもエチレンガスをたくさん放出します。また、キクもなでて育てると、エチレンガスが放出されて背が高くならないという性質があります。菊人形などで使うキクも、このようなエチレンガスの作用を利用して、生長の調節をしているという説もあります。いずれにしても、人間がコントロールできない自然の力や植物の不思議について、子どもと考える機会にするとよいでしょう。

園でとれたリンゴの実。

毒や危険 のある植物

日本国内には2,000種類ほどの有毒・危険といわれる植物が存在し、身近な植物にも「え？　これって毒があるの？」と思うものがあります。しかし、植物の毒も使い方によっては薬になりますし、根だけなど部分的にしか毒のない植物もあります。保育者の専門性として、子どもたちの安全を確保しつつ、あそびや暮らしとともにある植物について正しい知識をもっていきましょう。

マークの見方

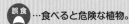 …食べると危険な植物。

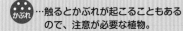 …触るとかぶれが起こることもあるので、注意が必要な植物。

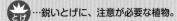 …鋭いとげに、注意が必要な植物。

かぶれ・誤食に注意！　スイセン

早春にきれいな花を咲かせるスイセンは、公園などでよく見かけます。葉っぱや球根など、全体的に毒が含まれています。葉っぱをニラなどと間違えて食べ、腹痛やおう吐などを起こしたことがニュースになることもあります。球根には、特に毒が多く含まれています。また、皮膚の弱い人は葉っぱに触っても接触性皮膚炎を起こすことがあるので、注意が必要です。

かぶれ・誤食に注意！　ヒヤシンス

水栽培などで子どもたちにも馴染み深いヒヤシンスの開花時期は、3〜4月ころ。ヒヤシンスの葉っぱや茎を折ったときに出る汁にふれると、皮膚の弱い人は炎症を起こすことがあります。また、球根に毒があるので、誤食すると、おう吐や下痢を引き起こすこともあります。

誤食に注意！　チューリップ

3〜5月にかわいい花が咲くので、春の花壇などに植える代表的な植物です。しかし、球根に強い毒があり、誤食すると心臓まひなどを起こす可能性があります。特に低年齢の子どもがいる園で栽培をするときは、球根の扱いに気をつける必要があります。

誤食に注意！　シキミ

神社、お寺に植えられていることが多い木です。3〜4月に白か淡い黄色の花が咲き、秋から冬にかけて星形の実がなります。葉には強い香りがあり、神事や仏事に使うことでも知られています。実には強い毒があって、誤食すると、おう吐・下痢・意識障害・呼吸まひを起こします。

誤食に注意！　シャクナゲ

4月下旬〜5月中旬に、白、赤、ピンク、オレンジ、黄、紫、茶など、さまざまな色の花を咲かせる種類があります。大きくて豪華な花が咲くので、庭木としてよく植えられていますが、レンゲツツジ同様、蜜を吸ったり、葉っぱをなめたり、誤食したりすると、けいれんや呼吸まひを起こすことがあります。

誤食に注意！　レンゲツツジ

4〜6月ころに鮮やかなオレンジ色の花を咲かせるので、庭木などとしてよく植えられます。レンゲの蜜を吸うあそびがありますが、このレンゲツツジは強毒で、蜜を吸ったり、誤食したりするとけいれんや呼吸まひを起こし、死に至ることもあるので注意が必要です。

誤食 に注意！　イチイ

庭木や山などでよく見られる木です。3～4月ごろに白や淡い黄色の花を咲かせます。9～10月には赤い実がなります。実は食べられますが、中にある黒い種には毒があります。種を誤食するとけいれんや呼吸まひを起こすことがあるので、注意が必要です。

誤食 に注意！　エニシダ

庭木や園芸植物として親しまれている低木です。4～5月に愛らしい黄色の花が咲き、きれいな色水もとれます。しかし、木全体に毒をもっています。特に枝や葉の部分を誤食すると、おう吐や下痢の症状を起こし、ときには呼吸不全に陥ることもあります。

誤食 に注意！　ヤツデ

10～12月ごろに小さな白い花が咲き、翌年の4～5月ごろに小さな実をつけます。手のひらのような形の葉っぱをつけるので、子どもたちの興味を引きます。葉っぱや実をあそびに使うことは問題ありませんが、実を誤食しないように注意します。実はかつて魚毒（魚をまひさせてとる漁法に使う）として使用されるほどの毒があり、誤食するとおう吐、腹痛を起こします。

とげ に注意！　レモン

5月中旬～下旬にかけて、よい香りの白い花が咲きます。10月ごろに実が黄色くなってきたときが収穫時期です。実も葉っぱもよい香りがして、果樹として育てるには適しています。とげは非常に硬く鋭いので、はさみで切っておくとよいでしょう。

とげ に注意！　バラ

5～6月ごろに花が咲きます。花は、よい香りがするものがあったり、八重や小花のものもあったりして観賞用や、ままごとあそびに使えます。しかし、とげはとても鋭いので、園庭などに植える際は、場所をよく考えましょう。

とげ に注意！　ピラカンサ

5～6月に白くてかわいい花をたくさんつけます。秋から冬にかけ赤や柿色の実をたくさんつけ、ままごとなどのあそびにも使える木です。枝に生えるとげが鋭く、生長が早いので、しっかりとせん定することが必要です。

かぶれ 誤食 に注意！　テイカカズラ

最近は園芸品種もたくさん出ているつる性植物で、5～6月ごろによい香りのする白い花を咲かせ、秋にはさや状の実ができ、葉が美しく紅葉します。生長が早いため、生け垣やグリーンカーテンとして人気のある植物です。つるを切ると出る汁には強い毒があり、かぶれることがあります。また、誤食すると呼吸まひ・心臓まひを起こす植物です。

誤食 に注意！　アジサイ

5～7月に咲くアジサイやガクアジサイは、梅雨時の花の代表としてよく知られており、庭木や園芸植物として親しまれています。しかし、全株に毒をもち、葉っぱや花を誤食すると、けいれんやおう吐、呼吸まひなどを起こすことがあり、たいへん危険です。ちなみに、アジサイの葉っぱの上にカタツムリがいるイメージがありますが、カタツムリもアジサイの葉っぱは食べません。

かぶれ に注意！　ウルシ

昔から樹液が接着剤や塗料に使われています。しかし、アレルギーを起こしやすい成分をもっているため、人によってはひどいかゆみなどの皮膚症状を起こします。素手でふれたりしないように注意しましょう。6月ごろに小さな花をつけ、秋には紅葉する落葉樹です。

かぶれに注意！　カクレミノ

カエデのように切り込みの入った大きな葉っぱが特徴です。6〜8月に黄緑色の目立たない花を咲かせます。枝を折ったり、葉をちぎったり、実をとったりすると出る乳白色の汁にふれると、肌の弱い部分がかぶれたり、炎症を起こしたりすることがあります。

誤食に注意！　アオツヅラフジ

7〜8月にかけて淡黄色または黄白色の目立たない花をつけ、秋にかわいい青紫の実をつけるつる性落葉植物です。昔は衣服を入れる「つづら」を作るときに使ったので、この名前があります。漢方薬に使われることもありますが、全体に毒をもち、誤って実を食べると、呼吸まひなどを起こします。

誤食に注意！　ヨウシュヤマゴボウ

6〜9月にかけて、小さな白または薄紅色の房状の花をつけます。花の咲いた後にできるきれいな紫色の実は、色水あそびなどでふれてあそぶことには問題ありません。根には強い毒があり、腹痛、おう吐、下痢などを起こすことがあるので、根にふれてあそぶことは好ましくありません。実にも弱い毒があるので、0〜2歳児は口にしないように見守り、3〜5歳児には食べられないということを強調しておきましょう。

かぶれに注意！　イチヂク

漢字だと「無花果」と書くイチジクは、果実の中に花ができるので、文字通り外から見ると花がないように見えます。枝や葉っぱ、果実を折ったりちぎったりすると出てくる乳白色の液には、皮膚炎を起こしやすい成分が含まれています。

誤食に注意！　キョウチクトウ

7〜9月ごろに大きく華やかな花を咲かせます。花は白、ピンク、赤、黄色、形は八重と一重咲きがあります。有毒植物の中でも特に強い毒をもっていますが、公園や学校などによく植えられているので、気をつけましょう。誤食すると腹痛、心臓まひを起こすこともあり、樹液が目に入ると目を傷つけることもあります。

誤食に注意！　アサガオ

夏を代表する花の一つとして誰もが知っているアサガオ。園や学校で栽培・観察することも多いと思います。しかし、種に毒を含み、誤食すると激しい腹痛や下痢を起こすことがあります。特にチョウセンアサガオは、種だけでなく、葉っぱや花などすべてに強い毒があるので、注意が必要です。

誤食に注意！　オシロイバナ

7〜9月ごろに花が咲きます。よく見かける植物で、あそびにもよく使われますが、花が終わった後にできる種に毒をもち、誤食すると腹痛を起こすことがあります。口にしなければ、楽しくあそべます。

誤食に注意！　ホオズキ

5〜6月ごろに白い花が咲きます。8〜9月にオレンジ色の袋の中に赤い実がなり、あそびにも使われることはよく知られています。全体に弱い毒があり、根には強い毒をもちます。昔は薬としても使われていましたが、誤食すると呼吸中枢がまひを起こすことがあります。淡いオレンジ色をしている食用のホオズキもあります。

とげに注意！　イヌザンショウ

7〜8月ごろに目立たない小さな花を咲かせ、花が終わるとサンショウと同じような直径5㎜程の赤い実をつけます。実は熟すと自然に裂け、黒い種が顔を出します。葉っぱや種は、よい香りがして食用になります。幹や枝には鋭いとげがあるので、気をつけましょう。

誤食に注意！　ヒガンバナ

　9月ごろに咲くヒガンバナ。マンジュシャゲとも呼ばれます。お彼岸のころにきれいな花を咲かせるので、この名があるといわれています。花が終わった後に、葉が伸び出すのが特徴的な植物です。触るぶんには問題ありませんが、球根に強い毒を含み、誤食すると、おう吐下痢、神経まひを起こします。

誤食に注意！　アセビ

　2月後半〜4月上旬に、白やピンクの小さな壺型の花を房状につけます。9〜10月には、5mmほどの褐色の実をつけます。野山でも、庭でもよく見かける木です。しかし、強い毒をもっており、花や葉、枝などを誤食すると、腹痛・おう吐・呼吸困難・神経まひを起こすことがあります。

かぶれに注意！　ヌルデ

　山や野原でよく見られる木です。8〜9月に円すい状に黄白色の花をつけ、10〜11月ころに4mmほどの実が房状にできます。葉っぱをちぎったり、枝を折ったりすると出てくる樹液は、ウルシと同じ成分で、皮膚がかぶれる可能性があります。葉の形がよく似ているハゼの類、クルミの類などもかぶれることがあります。

かぶれに注意！　イチョウ

　秋に黄色く色づく葉っぱや実であるギンナンはよく知られています。4〜5月に小さな花が咲きます。ギンナンは、一度にたくさん食べると、おう吐や下痢などを起こすことがあります。また、ギンナンの外種皮はかぶれる成分が含まれているので、ギンナン拾いなどは気をつける必要があります。

誤食に注意！　ヒヨドリジョウゴ

　草むら・空き地・公園など、身近な場所でよく目にするつる性の野草です。8〜9月に小さな白い花をつけ、10〜11月に直径8mmほどの赤くおいしそうな実がなります。しかし、この実には強い毒を含み、誤食するとおう吐・腹痛・呼吸まひを起こします。

誤食に注意！　イヌホオズキ

　繁殖力のある野草で、公園や園庭でも普通に見られます。7〜10月ごろに小さな白い星形の花をつけ、花が咲いた後に黒い実がなります。草全体に毒があり、誤食すると下痢・運動中枢まひを起こすことがあります。

誤食に注意！　ジャガイモ

　園で栽培することもあるジャガイモは、5月中旬〜6月初旬に花が咲きます。品種によって、薄紫やピンク、白い花などがあります。6月中旬〜下旬に株が枯れてきたら収穫できます。ジャガイモの芽には毒があり、また、イモを長時間、日に当てたまま放置すると表面が緑色に変色し、毒が発生します。これらの部分を誤食すると、おう吐や下痢、呼吸困難を引き起こすことがあります。

誤食に注意！　ナンテン

　6〜7月に小さな花をつけ、11〜12月ごろに赤い実をつけます。正月飾りや生け花によく使われます。ナンテンの実の成分は、昔から薬としてののどあめなどに使われています。しかし、葉っぱや実、枝を誤食すると、けいれん、呼吸まひを起こすことがあります。ふれてあそぶだけなら問題はありません。

誤食に注意！　ウメ

　2〜3月ころに花が咲き、6〜7月ころに実がなるウメ。園でもジュースやジャム作りをすることがあるかもしれません。熟したり、熱したりしているウメの実に毒はありませんが、熟していない青い実を誤食すると、呼吸困難やめまいを引き起こします。ウメと同様、モモ、スモモ、アンズも青い実には毒がありますので、十分に注意しましょう。

141

キノコの不思議

日本には、4000〜5000種類のキノコがあるといわれていますが、正確にはわかっていません。形も色も多彩なので、見つけたキノコを図鑑などで調べてみるのもおもしろいですね。

キノコって、植物？

　キノコは、植物図鑑などに載っているので、植物の一種と思われがちです。しかし、厳密にいうと、植物のように光合成をして自分で養分を作れないキノコは、菌類に分類されます。植物ではないのです。キノコは、植物の落とす木の枝、葉っぱ、木の実などや動物のふん、死がいなどのいらなくなったものを栄養にしてそれを分解し、土の中に養分として返します。キノコ（菌類）は、自然界において植物・動物が残したものを掃除し、再生するリサイクル要員として、生態系を保持する大切な役目を担っているのです。

　さて、そんなキノコには、いろいろと間違ったイメージ、迷信があります。秋の味覚としてキノコを食する機会が多いので、一般に秋にキノコがいちばん多くなると思われがちですが、実はじめじめと湿度の高い梅雨のころに、さまざまな種類のキノコが見られます。

　では、なぜ秋なのか。マツタケ、シメジ、エノキタケ、シイタケなど人間がよく食する種類が、秋に育つので「キノコといえば秋」というイメージが定着しました。しかし、現在では栽培キノコが主流なので、光を必要としないキノコは、おがくずや榾木（ほたぎ）を使い、人工栽培されて、みなさんの食卓に届いています。

間違ったキノコの知識

・縦に裂けるキノコは食べられる ➡ ✘

・毒のキノコもゆでて、
　ゆで汁を捨てたら食べられる ➡ ✘

・動物や虫が食べているキノコは食べられる ➡ ✘

・赤いキノコは食べられない ➡ ✘
※赤いキノコには、ベニテングタケのような猛毒のものもあれば、
　鮮やかな赤色のタマゴタケなど食べられるものもあります。

・地味なキノコは食べられる ➡ ✘
※キノコは、専門家でないと区別できないので、イメージだけでの
　判断は禁物です。

自分たちで判断しない！

　子どもたちはキノコが生えているのを見つけると、興味・関心をもってふれようとします。そこで、大人は「あっ！　毒キノコかも！」と注意してしまいがちですが、どんな猛毒のキノコでもふれるだけなら、まったく心配はありません。

　とはいえ、身近に生えているキノコの中にも、強い毒を含むものがあります。自分たちでとってきたキノコを、専門家の判断なしに食べることは絶対に避けましょう。

鮮やかな色のキノコも見られる。

キノコを探そう

　キノコは、1年中見られます。子どもたちと散歩に出たとき、探してみるのも楽しいでしょう。キノコにはいろいろな種類のものがありますが、いずれも雨が降った翌日によく姿を現わします。植物が多く、薄暗いじめじめした所に多く生えています。また、きのうはあったのに、今日はあとかたもなく姿を消しているということもある不思議な菌類です。

キノコは、湿った木の切り株などに生えていることも多い。

きのこ！

編著

大豆生田啓友 （おおまめうだ・ひろとも）

玉川大学教育学部乳幼児発達学科教授。乳幼児教育・保育学・子育て支援などを専門に、テレビや講演会のコメンテーターとしても活躍している。『非認知能力を育てる あそびのレシピ』（講談社）、『子育てを元気にすることば ママ・パパ・保育者へ。』（エイデル研究所）ほか、編・著書多数。

執筆：序章 P6〜13、第1〜5章 学びへのつながり、column P37・59・82・108・117、
自然に関するオススメ本P126

著

出原 大 （いずはら・だい）

幼稚園・保育園の園長を歴任し、その後、松山東雲女子大学教授として保育者養成を行う。2022年5月より、むぎの穂保育園園長。単著として、『生きる力につながる自然＊植物あそび101』『自然＊植物あそび一年中』（ともに学研）など。また、保育雑誌に自然あそびの連載も行う。

執筆：第1〜5章 あそび、身近な生き物、column P72・103、自然に関するオススメ本P127、
付録 植物図鑑

小西貴士 （こにし・たかし）

森の案内人（インタープリター）であり、写真家。持続可能な社会と保育を結ぶ学びの場「ぐうたら村」の共同代表。2000年より現在まで、八ヶ岳南麓の森や渓谷を舞台にインタープリターとして環境教育やESDの実践を行うかたわら、写真や文章を発表している。単著に『チキュウニ ウマレテキタ』（風鳴舎）など。

執筆：序章 P14〜16、第1〜5章 さらにもう一歩、column P27・42・51・64・86・95・110・125、
自然に関するオススメ本P128

実践園の
保育者より

上田敦子 （かえで幼稚園・広島県）
田中宏忠 （愛の園ふちのべこども園・神奈川県）
原山 恵 （認定こども園さざなみの森・広島県）
村田晴恵 （港区立本村保育園・東京都）

写真

鳩の森愛の詩瀬谷保育園 （神奈川県） 掲載：表紙、P1〜13
出原 大 掲載：表紙、第1〜5章 あそび、付録 植物図鑑
小西貴士 掲載：序章 P14〜16、第1〜5章 column P27・42・51・64・86・95・110・125
希望丘保育園 （東京都） 掲載：column P37・108・117
伊野田幼稚園 （沖縄県） 掲載：column P59・82

スタッフ

編集制作 ● 小杉眞紀
カバーデザイン ● 長谷川由美
本文デザイン ● 長谷川由美・千葉 匠子
イラスト ● 有栖サチコ・内藤正比呂・もり谷ゆみ
校閲 ● 草樹社